恰如其分的自尊

Christophe André
François Lelord

克里斯托夫・安德烈
弗朗索瓦・勒洛爾 著

周行 譯

L' estime de soi

目錄

序言 8

Part 1
你尊重自己嗎？請自測

第1章 自尊心的3大支柱
什麼是「自尊」？ 14
自愛 18
自我觀 20
自信 24
自尊的平衡 27
自尊或多重自尊？ 29
自尊的養分 32

第2章 自尊還是自蔑
跟我說說你自己 36
你有什麼能力？ 45

你是否對失敗和批評特別敏感？ 50
面對成功，你如何反應？ 58
生活的動力和自尊 63
測驗A 自尊水準自測 66

第3章 你看不起自己嗎？

低自尊的好處 70
高自尊的弊端 75

第4章 穩定還是不穩定？

敏感、易怒、善變的心 84
如何判斷自己屬於哪種自尊類型？ 97

Part 2 理解自尊

第5章 自尊從哪裡來？

自尊成長的第一步 104

課外活動，無情的世界 112
給父母的建議 115
來自父母與朋友的壓力 122
長子和幼子的困擾 128
學業上取得成功 135
父母的支援 143

第6章　自尊對成年人的影響

施展魅力不無風險 154
選擇對象的真心與假意 162
伴侶關係中的心理調適 167
一輩子的朋友 183
辦公室中發現的自己 187
掌控權勢？一大誤會 196

第7章　自尊和自我形象

為什麼女孩會自信不足？ 202
女性的完美身體 205

男人的自戀 210
美貌帶來的社會優勢和弊端 214
造型、時尚和自尊 221
該責怪形象產業嗎？ 225

第8章 理論

學會管理自己的渴望 234
冒不冒風險，是個問題…… 238
鏡像自我 240
是否應該模仿榜樣？ 247

Part 3 如何維護和修補自尊

第9章 自尊方面的疾病

憂鬱症 256
自尊偏差 262
情結 267

酗酒 271
心理創傷 276
有毒的父母 279
痊癒，必先找回自尊 287

第10章 保護自尊的心理調節方法

自尊保護機制 290
如何保護低自尊？ 295
如何保護高自尊？ 301
要提高自尊，是否應給自己設置阻礙？ 306
為自尊消費的謬趣人生 310
真本事與不入流的小樂子 315

第11章 我愛自己故我在

改變，有可能！ 324
自尊平衡的三種重要關係 329
改變對自己的看法 331
改變與行動的關係 339

改變與他人的關係 348
改變策略 353
接受治療 357
測驗B 如何改變自尊？ 370

最終章 結論

給醫生的一封信 374
附錄一 【自尊水準】測驗A自測結果 378
附錄二 【如何改變】測驗B行動建議 380

序言

「我不愛我自己……」

「小時候，我夢想成為另外一個人。我不喜歡我自己的樣子，不喜歡我擁有的一切。我想要別人的頭髮、別人的父母，想生活在另外一個地方。我總覺得別的孩子都比我好，比我漂亮，比我有天賦，比我受歡迎，更得老師的寵愛。當我偶爾向母親傾訴時，她是這麼告訴我的：『你不是最不幸的人，也不是最沒有天賦的人。』在我看來，這根本算不上安慰。此外，當我感到難過時——我經常會感到難過——我根本不相信一切會好起來，我覺得自己是全人類中最無用的那一個。我的青春期一塌糊塗，我常常認為自己很醜，樣子太難看，心裡充滿了各種障礙。慢慢地，情況變得好了一點，但是今天一旦有個男人愛上我，我知道一定是出了什麼錯，我想是他看走了眼，他愛上的是一個假象，一個我好不容易打造的假象。他愛上的絕對不是我，不是真正的我。如果我喜歡這個男人，我會感到非常恐懼，如果我們交往，他一定會發現我是個冒牌貨，發現我的各種缺陷，很快就會像我嫌棄自己一樣嫌棄我，然後拋棄我。而我，卻不能拋棄我自己，我被困在我的身體裡，討厭我自己，卻不得不與自己孤老終身。」

「我的工作也不能給我帶來安慰。其實這是理所當然的，我不相信我自己，做著一個我不太喜歡、遠遠低於我的能力水準又根本不感興趣的工作，日漸麻木。」

「我不愛我自己……」這個年輕的女人已經向我傾訴了半個小時。儘管我當時經驗尚淺，剛完成我的精神治療論文答辯，但我直覺不能急於問她各種問題，或者說幾句安慰的話。她說著說著就哭起來，然後道歉，擦乾眼淚又繼續說。我一邊聽她說，一邊在腦子裡回顧各種不同的憂鬱症症狀。也許她是患了憂鬱症，可是她的症狀都對不上。這位年輕女性並不是抑鬱，並非得了真正的憂鬱症，那麼，她的情況就沒有那麼嚴重了嗎？我完全不能肯定。她的痛苦在我看來似乎更加深重，源於她的過去，深深扎根於她的內心深處。

後來我才發現，我的這位病人其實是另外一種心理障礙。她聰明貌美，就像人們說的那樣，擁有一切獲得幸福的先決條件，什麼都不缺，只缺一件東西——**一點點自尊**。

PART 1

你尊重自己嗎？
請自測

第 1 章

自尊心的 3 大支柱

你的心中充滿了秘密，你謂之「我自己」。

——保羅·瓦勒里（Paul Valéry）

Les trois piliers de l'estime de soi

什麼是「自尊」？

跟你的親人、朋友和同事做一個小小的測驗：跟他們談談自尊，你會馬上發現他們對此都表現出極大的興趣，似乎這是一個非常重要的概念，與他們密切相關。可是若要他們給你一個盡可能具體的「自尊」定義，絕大多數人都無法說清楚。因為，自尊是人格最根本的組成部分之一，是一種非常隱蔽、難以捉摸的複雜現象，不是所有人都能意識到。

「自尊」這個概念，在西方文化中占據著重要的一席，尤其是在美國。英語裡的「self-esteem」一詞，在日常生活中極為常用；在法國，我們通常使用「自愛」，帶有更多情感的色彩，甚至更加敏感。但「自尊」這個用詞更為客觀，**estimer** 來自於拉丁文 **aestimare**，即 **évaluer**（評估／評價），擁有雙重含義：

一、評估某個事物的價值。

二、對某個事物的看法。

關於自尊，我們得到最精煉的定義是一位少年提供的答案：「自尊？就是我們怎麼看待自己，是否喜歡我們眼中的自己。」

這種對自己的評判目光，對我們的心理平衡極為關鍵。如果自我評判是積極的，它會讓我們高效地行動，自我感覺較好，能夠面對生存中的各種困難；如果評判是負面消極的，則會帶來各種痛苦和不快，影響我們全面的生活。

花點時間好好評估自己的自尊，這並不是一個無謂的遊戲，而是一種很有益處的測試。花幾分鐘想想以下的問題。你的回答，能夠幫助你評估自己的自尊。

對自己有信心，對自己很篤定，自我感覺不錯——在日常語言中這些說法有很多，都是用來描述自尊的，而每一種說法，其實都反映了自尊的不同面向。

實際上，自尊由三大「成分」構成，即**自愛**、**自我觀**和**自信**。**當這三者適當組合時，才能讓人擁有恰如其分的自尊**。

自尊初探：問問自己這些問題

- 我是誰？
- 我有哪些優點和缺陷？
- 我能做什麼？ 有過哪些成功，哪些失敗？
- 我有哪些長處和不足？ 在我自己眼裡，在親友眼裡，在那些認識我的人眼裡，我的價值是什麼？
- 我是否把自己視作一個值得別人憐惜、喜歡和愛的人？
- 或者相反，我是否常常懷疑自己值得被人欣賞和喜愛？
- 我是否按照我自己的願望在生活？
- 我的行動是否與我的願望和觀點一致？
- 或者相反，我是否因為我自己「想成為的樣子」和「實際的樣子」之間存在巨大的差異而感到痛苦？
- 我是否能平靜地接受我自己，還是總覺得不滿意？
- 我最近一次對自己失望、不滿和感到難過是什麼時候？
- 什麼時候我對自己感到驕傲、滿意和快樂？

自尊的 12 種日常面貌

術語	描述	概念的某一面向
對自己有信心	相信自己有能力高效行動。（對行動的預期）	突顯行動與自尊之間的重要關係。
對自己滿意	滿意自己的行動。（對行動的評估）	沒有自尊，即使成功也不會對自己感到滿意。
對自己很篤定（1）	做決策，堅持自己的選擇。	較強的自尊，通常與穩定的選擇聯繫在一起。
對自己很篤定（2）	無論處境如何，不懷疑自己的能力和長處。	較強的自尊，讓人在任何情況下都能夠表現出自己的能力。
自愛	對自己充滿善意，對自己滿意。	自尊當中存在喜愛的情感。
自戀	對尊嚴有一種非常強烈的情感。（或過於強烈）	自尊的最大敵人是別人的批評。
認識和瞭解自己	能夠以具體詳細的方式描述和分析自己。	瞭解自己是什麼樣的人，才能評估自己。
肯定自己	維護自己的觀點和自身的利益。	維護自尊，有時候需要保衛自己的領域。
接受自己	接納自己的優點和缺陷，形成自己較好的整體形象。（或可接受的形象）	有缺陷，並不意味著沒有較強的自尊心。
相信自己	獨自穿越沙漠，即使未能獲得成功或支持，也能滋養自尊。	有時候自尊並不是建立在成功之上，而是建立在信念和對自己的看法之上。
對自己有極高的期望	堅信自己能夠達成很高的目標。	企圖心和自尊往往密切相關
為自己感到驕傲	獲得成功使個人價值感增強。	自尊需要成功來滋養。

自愛

無條件存在

自愛是人格最重要的成分。「自尊」意味著自我評判；而「自愛」是完全無條件地喜愛自己。儘管自己有缺陷不足，有失敗挫折，但人都是愛自己的，因為內心深處有一個小小的聲音一直告訴我們：「我值得愛和尊重。」這種無條件的自愛，並不需要取決於我們的表現好壞，這也解釋了為什麼我們在經歷挫折失敗之後，還能夠重新站起來。當然，在遇到困難時，我們還是會感到痛苦和懷疑，但「自愛」讓人最終能免於絕望。

誰給予的人生信念？

如今我們已確知：自愛的形成在很大的程度上，取決於兒童時期家庭給我們的愛與情感滋養。我們在後面還會再談到這個問題。一位四十二歲的手工藝家對我們說：「我最感激父母的一點是他們給了我這樣的信念──我是個好人。儘管我曾經令他們失望，青春期的我學業一團糟，還做了不少蠢事，但我始終覺得父母不會因此而不再愛我，他們堅信我會成為一個有用的人。他們狠狠地教訓了我，可是他們從來不說我一無是處。」

我值得被愛嗎？

與前述狀況相反地，因為缺乏家庭的愛而導致缺乏自尊，是最難補救的一種狀況，精神治療師稱之為「人格障礙」。這些病人與他人相處的方式，會令他們經常與人發生衝突，無法成功地建立人際關係。

比如這位三十二歲的小學教師，她說道：「我一直沒有找到一個能與我共度一生的人。一旦關係親密，我就開始感覺受到威脅。我也不知道自己怕什麼？反正就是不能失去自由，但我也不知道保持自由有什麼好處。因為我不愛自己，我覺得不可能有人會愛我。跟男朋友在一起時我就有被害妄想症，我覺得其中一個男友跟我在一起純粹是為了性；另外一個是為了住在我的公寓裡，因為他失業後沒有住處；還有一個是因為他根本不知道自己想要什麼。有人真的會想跟我一起生活，僅僅是因為他愛我嗎？這一點我完全無法相信，而且會讓我感到恐慌。我不值得被愛，永遠不會達到對方的期望，終究會令他失望。」

自愛確實是自尊的基石，也是人內心深處最為秘密的一個部分，然而，在每個人的社會化面具之下，我們很難弄清他究竟有多愛自己。

Issue

內心深處要常保一個小小的聲音：「我值得愛和尊重」。

自我觀

難以窺伺的主觀性

我們看待自己的目光，對自己優缺點的評估，無論是否有根據，都是自尊的第二大支柱。這不僅僅是對自己的認識和瞭解，更重要的是**人對自己優缺點的評價，會影響未來的想像和行動力。**

從這層意義上來說，「主觀性」占了絕對的優勢，而實際情況並不重要。因為自我觀是來自個人的主觀，旁人很難觀察，也不容易理解。這也是為什麼一個有心理障礙的人——也就是說自尊心很弱的人，經常會讓他周圍的人感到迷惑不解，因為大家看不到這個人所自認為的那些缺點。

旁人的眼光

某位媽媽談到她的長女時這麼說道：「很顯然，我們看待她的眼光跟她看待自己的眼光完全不一樣。她總是覺得自己長得難看，可是我覺得我這十六歲的女兒聰明又漂亮，我們的朋友也這麼認為。每當我們想要跟她討論這個問題的時候，似乎與她說著不同的語言，根本無法溝通。」

如果一個人對自己的評價和期待是積極的，那會成為一股內在的力量，讓他能承受住挫折考驗，達成最高目標。戴高樂將軍當年就是憑著極強的自尊，於一九四〇年六月十八日在倫敦發出宣言，號召法國人民抵抗法西斯，當時法國已經被德國侵略占領。戴高樂將軍對自己個人命運的遠大期望，與他對法國的期待一致，這是幸事。

反過來，如果缺乏自尊，對自己的評價頗為消極，則會花費很多時間才能找到屬於自己的道路。瑪麗安娜的情況就是如此，這位四十五歲的時尚造型師說：「一想到自己花了二、三年的時間去學醫，就感到非常懊惱，我本身非常討厭學這個，只是在我父親的強烈建議之下才去學的。其實，我知道我不喜歡醫學，我的興趣在藝術領域，但我不太確定自己有能力在藝術領域成功，所以害怕去嘗試。」

以愛為名的威權

一個人對自己的評價，主要來自於他的家庭環境，特別是父母為他制定的發展目標。

有時候，某些孩子無意識地肩負著重任，替父母完成他們自己未能完成的心願，被稱之為「肩負重任的孩子」。像是極度缺錢的母親，會激勵女兒只與富家子弟來往；曾經學業極差的父親，會要求他的兒子考入名校。這些目標也沒有錯，但前提是不能給孩子太大的壓力，並且要考慮到孩子自己的願望和能力。否則，這將是不可能完成的任務，孩子也會因為無力達成父母期待的遠大理想而十分痛苦。

無視孩子的疑慮和不安，將使他日後在自尊心方面極易受到打擊。二十一歲的大學生讓．巴蒂斯特說：「我總是害怕令我的父母失望。我的父親沒有念過大學，原因我也不太清楚，但他的兄弟姐妹都有很好的學歷。我父親因此總想讓我在任何方面都超越別人，在學校成績第一，在運動場上也是第一，還要學彈鋼琴。他對我要求很高，好像我有無限的潛能，我一直覺得這是一種支持和激勵。我從小表現優異、被人欣賞，這讓我父親很高興，所以我也覺得高興。但是這也使我非常焦慮、害怕失敗。直到今天，我始終擔心自己會令我的父親失望。」

「因為父親對我充滿了信心，我也確信我配得上最好的東西。我現在就讀於名校，交往的女朋友都是漂亮的富家女孩，我認為自己將來可以獲得很高的社會地位，但是在這種看法之外，我對失敗存在著極大的恐懼。我非常敏感，一旦得不到我想要的，就會發狂。在心底，我感激父親給了我這種一切都要最好的信念，而我也有能力做到最好。但是我缺乏一種內在的力量，一種面對挫折能心平氣和的氣度。至今我仍不敢肯定，我是否已經達到了父親對我的全部希望，也許，隨著年齡的增長我能做到？」

當追隨者比較安全嗎？

除了讓人變得好勝好強，自我觀的偏差，也可能造成對他人產生依賴。這樣的人也許能與他人建立不錯的人際關係，但通常僅滿足於扮演「追隨者」的角色，走別人走過的老路，很難建立和執行自己的計劃。

五十歲的皮埃爾說：「我的父母很愛我，給了我全部的愛，但他們一定在什麼地方出了問題。我從來不敢做我自己，我覺得自己一輩子都在跟隨別人，等著別人示意，告訴我這條路是暢通的，沒有問題，你可以走。比如大學時，我跟高中最好的朋友選了同一個專業；他剛跟女友分手，我就和那個女生交往。假如他離婚，我很有可能會娶他的前妻。」

「說到大學，回過頭來看，我覺得我本該學工程專業，可是我不敢，我選擇了商業科系，並不是因為喜歡，而是因為害怕失敗。在工作上也差不多，儘管我很優秀，我的上司卻批評我缺乏野心，沒有長遠目光。想到這一點，我的父母也是如此，我父親幹著非常無趣的工作，耗了一輩子；母親為了照顧我們幾個兄弟而做了全職主婦，犧牲了自己喜歡的小學教師工作。」

Issue

我們經常欠缺一種力量，一種面對自己真正想法的勇氣。

自信

小小的成功很重要

自尊的第三大支柱是「自信」。人們經常把「自信」與「自尊」混為一談。自信主要是針對我們的行為而言，有自信，是認為自己有能力在重要的場合採取恰當的行動。當一位母親說：「我的兒子沒有自信。」她的意思是——她的兒子懷疑自己在工作中，沒有相應的能力來面對挑戰。無法面對他人，也不能讓他人欣賞自己的能力。

與「自愛」和「自我觀」不一樣的地方是：要判斷一個人是否自信並不困難，只需要跟這個人多交往，觀察他在出乎預料的情況下、重要的場合裡，或是在做事遇到困難時，會採取什麼樣的行動，就能找到答案。所以，有人說自信可能看似不如自愛和自我觀那麼重要，卻是兩者合成的結果，這種說法不無道理。**自信是人心必備的能量，並且需要以行動來維持與發展，平日裡的「小小成功」，對於我們的心理平衡是必須的養分**，就像食物和氧氣對於我們保持身體健康一樣必不可少。

勇於嘗試和成功等值嗎？

自信從哪裡來？主要來自於我們所接受的「家庭教育模式」和「學校教育模式」。讓我們思考一下這幾個觀念：

- 孩子是否學習到「失敗」是他行為中一種可能的後果，但並非不可挽回的災難？
- 孩子的「勇於嘗試」是否會和「成功」獲得同等的獎勵？
- 怎麼讓孩子學會從困難中汲取教訓，而不是得出「最好不要採取行動」的結論？

自信要透過言傳，更要透過身教。鼓勵孩子接受失敗而自己卻不能接受，這樣是沒有用的。孩子知道透過成年人的行為而不是言語，來判斷大人們的真正想法。

有所懼，但不自貶

不過度害怕未知和挫折，可以顯示出較高的自信。一位人力公司管理者說：「在招聘時，我最關注的是對方的自信程度，而不那麼關注技術方面的知識。如何測試一個人的自信程度？其實，就是透過對他的弱點和簡歷上的漏洞找碴，故意小小地刁難一下。如果他能接受，如果他承認自己的不足，但並不貶低自己，也不嘗試掩蓋自己的缺點或是進行反擊，我覺得他在公司中的行為也會如此磊落。」

誠然，**坦誠面對自己的優缺點且無條件地自愛，是自信最恰當的表現**。自信不足，並不是一個不能克服的缺陷，但是問題出在那些自信不足的人經常會很拘謹，讓自己很難跨出改變的第一步，即使在寫信、打電話這種日常小事中，也能明顯察覺這類人諸多的憂慮和顧忌。

一名三十歲的副業務代表說：「其實，我覺得我是個挺討人喜歡的人，能力也不錯，我很清楚自己喜歡做什麼，至少我夢想著去做，這讓我覺得有可能實現我的想法。但是，到目前為止，我還沒能採取任何行動來接近自己的目標。比如我想辭去銷售的工作，改行當老師，但是我必須重新讀一個文憑，我害怕自己做不到。有時候我會懷疑自己的選擇，萬一我不適合當老師呢？結果把手裡已有的都放棄了，去追尋一個虛無縹緲的目標，這樣好嗎？」

Issue

相信自己，才能在重要時機採取恰當的行動。

自尊的平衡

三端天秤的靜不定

自尊的三大支柱通常是互相依存的。「自愛」是無論遇到什麼困難，都會尊重自己，聽從自己內心的需要和欲望，對自己抱有一種積極的評價，相信自己的能力，並且對未來懷有願景。

接著，會對「自信」產生積極的影響與行動，包括對失敗不會過度擔心，也不會過度害怕別人的評判，而這也意味著有良好穩定的「自我觀」。

當自尊匱乏之時

然而有時候，在某些人身上，這三種東西彼此分離。以消極的自我觀為例，通常這類人只是有表面的自信，一旦出現嚴重阻礙或長期的問題，他的自尊就瓦解了。

另外一例，如果缺乏自愛，即使此人的經歷和成就非凡，但是因為他對自己的期待特

自尊的三大支柱

	自愛	自我觀	自信
來源	孩子所接受到的情感滋養之品質和一致性。	期待、目標和父母想法在孩子身上的投射。	學會行為規範，敢於嘗試，堅持不懈，接受失敗。
益處	• 情感穩定 • 與其他人能建立充分的信任關係 • 能夠忍受批評和拒絕	• 有野心和目標 • 能夠忍受挫折和不順	• 能夠迅速輕易地採取行動 • 能夠忍受失敗
匱乏的後果	• 懷疑自己有被他人欣賞的條件 • 堅信自己達不到別人的要求 • 即使取得實際的成功，仍覺得自我形象較差	• 做選擇時不能夠大膽 • 依賴別人的意見 • 不夠堅持自己的意見 • 從眾傾向	• 拘謹 • 猶豫 • 放棄 • 沒有毅力

別高，一次情感上的失敗，就會讓他埋藏的懷疑和挫折都浮出水面，而變得驚慌失措。也許這是一種極度缺乏自信的表現，通常這種人都接受了完美的教育，但他的父母把他保護得太好，太過寵愛，不曾讓他經歷或早些面對現實。儘管他得到了很多的愛，但他對「自己是否能夠成功」始終心存懷疑。

自尊或多重自尊？

生、滅、消、長

有些人在自己的專業領域有較強的自尊，而在情感生活方面自尊較低。當情況和對象不同，人的價值感可能會發生很大的變化。一位四十歲的工程師說：「在工作中，我是一個受人推崇的專家，但在私人生活方面卻很不成功。因此，我在職業領域自我感覺良好，我知道自己很有才幹，而且受人尊重。我會毫不猶豫地表達我的意見，有時候也會反對別人的意見，積極維護自己的觀點。認識新的朋友、客戶或者同事時，我感覺很自在，跟他們接觸非常自然輕鬆，覺得自己值得別人尊重。」

「然而，一旦離開職業領域，一切就變得很難。連行走、說話、看人都覺得沒有那麼自在，我感覺自己好像完全變成了另一個人，需要別人的時候，我會變得不太主動，不願意冒險。我懷疑自己沒有魅力吸引我喜歡的女性，開口跟她說話的時候，我會緊張地注意她的反應，似乎很快就會覺察出她的不耐煩。」

流動的自信

對大部分人來說，在一個領域的成功或失敗，或多或少會對其他領域裡的自尊產生影響。像是一個人失戀時被拋棄的感覺，會讓他的整體個人價值感下降，進而影響工作和其他人際表現。

反過來，在某一領域的成功，也經常會給人的整體自尊帶來迅速提升。這也是為什麼義大利裔美國作家約翰．方特（John Fante）曾在小說《*Bras*》裡如此描寫一位十八歲的年輕人：他出身貧寒，其貌不揚，特別珍愛自己的左臂，因為他的左臂讓他成為了優秀的棒球選手，使得在其他方面被人瞧不起的他有了更多的自尊。他說：「是我的左臂助我平步青雲，親愛的左臂連著我的心，這是上帝賜予我的神聖祝福。上帝把我降生在一個可憐的砌磚匠（指他父親）家庭，但上帝又賜給了我這個寶貴的禮物，它簡直就是一個奇蹟。」

因此有研究者則認為：自尊是不可切分的。**一個人如果在某個領域擁有較強的自尊，就很難不對其他的領域產生積極影響；反過來，在某一方面自尊較低，也一定會影響我們整體上對自己的滿意度**。由此可知，自尊會隨著領域和對象的不同而產生波動。

二十六歲的護理師羅倫斯這麼說：「我確實算不上一個美女，我也很希望自己長得更漂亮一點，我並不想掩飾這個想法。但我知道我也能討人喜歡，因為我有其他的優點，我很風趣，也不是太笨，又很樂觀。我知道有人欣賞我，至於那些在街上不願多看我一眼的人，算是他們的損失吧！」

一道接著一道證明題

過低的自尊，會讓我們對自己過於嚴苛，看不到自己取得的成就，在獲得幸福的路上遭遇巨大阻礙。

「我覺得自己這一輩子都在拚命追求一個得不到的東西。」一名四十八歲的醫生如此說道：「我在青少年時期就有一些心理障礙，但因為我在學業上取得了比較好的成績，所以我對自己有了較大的自信。從學醫開始，我就想成為住院醫生，然後成為主任醫師。我做到了，因為我把全部精力都投入其中，對我來說，那曾經是一個極其重要的目標，證明我自己是個有價值的人。可是今天，我還是像從前一樣對自己心存懷疑，還是對自己不夠滿意。我總是會嫉妒那些開會時談笑風生、看起來比我輕鬆自在、研究做得比我好、比我聰明的同僚。然後我又想，這種對成功無止境的追求，使我忽視了我的伴侶和孩子們，這讓我感到後悔，讓我更加懷疑自己的決定。也許我當初的選擇是錯誤的，我沒有去選擇那些會讓我更幸福的道路。」

Issue

隨著欲望改變，「證明自己有價值」這件事始終沒完沒了。

自尊的養分

貢獻與定位

一個年輕的女人最近告訴我們：「我經常懷疑自己，在生活中有很多事情我都不太滿意、想要去改變，但有時候我又為現在這樣的自己感到驕傲，儘管我並不喜歡『驕傲』這個詞。」

「比如，跟三個孩子和我的丈夫一起享受輕鬆時刻，那個時候我感覺非常滿足、非常幸福，仔細想想，人一生當中這種感覺很少，我感到非常開心，看到一家和和樂樂、相親相愛，這種很基本、很情緒化的感覺，有點動物本能。」

「然後，更深層一點來思考，就是滿意，感覺自己在這方面取得了成功，養了幾個可愛的孩子（儘管他們有時候也會惹人煩），對他人敞開心扉，快樂地生活，這些並不是唾手可得、自然而然的，而是我努力打造的，至少部分歸功於我的努力，因為我一面工作，一面照顧三個孩子，這可不是那麼容易的事情。」

自尊的養分

感覺被愛＋感覺自己有能力→
自尊的養分來自「內給」與「外求」。

有能力，有人愛

每個人透過自己的各種表現，主要就是想滿足兩大需求，這兩大需求對於我們的自尊來說都是必不可少的，無論在什麼領域，我們都期待這雙重需求的滿足：

一、感覺自己被人愛——被欣賞、同情、受歡迎、被人渴望等。

二、感覺自己有能力——表現好、有天賦、能幹等。

就像是政客，既想擁有權力（能力），同時也想受人歡迎（愛）；在工作中，我們想成為某個領域的專家，也想得到同事的欣賞；在情感生活中，我們並不只是渴望伴侶的愛，還希望得到崇拜和尊重。

如果只有其中一種得到滿足，並不能完全達到我們的期待，像是被愛而不被崇拜和尊重，會令人感覺恥辱；得到了尊重，卻不被欣賞，則會讓人沮喪。

「感覺被愛」，同時「感覺到自己有能力」，這兩者是培養自尊必不可少的養分。因為自尊不是一次塑造、一勞永逸的，它是我們人格當中不斷變化的一部分，需要不斷獲得滋養。

心靈聚會：組織朋友，討論自尊問題

Step1. 邀請喜歡心理學實驗的朋友

當你和一群彼此欣賞（這很重要）的人聚會時，請每一個人給自己本人的自尊打一個分數，從 0 分到 20 分。請注意，有一些人可能會覺得這個遊戲很傻或有點侵犯隱私，請尊重他們的選擇，不是所有的人都喜歡實用心理學的實驗。

Step2. 分析個人自尊分數與平均值

計算平均分數，然後告訴大家，誰給自己的分數高於平均分數，理由是什麼？誰給了自己低於平均分的分數，又是為什麼？哪些人的分數讓大家出乎意料？請參加實驗的人評一評。

Step3. 辨別顯露與隱藏的線索

用這樣的方式，你會發現每個人願意讓別人知道的「自己對自身自尊」之評分。而且他們在證明自己給分的合理性時，所說出的理由，會讓你瞭解他們的說法有幾分真誠，到底是為了給人留下自信或謙虛的好印象（心理學稱之為「社交期望傾向」），還是他們說的是真實想法？

Step4. 被突顯的訊息意義與隱憂

請注意，有些參與者可能會將他們的答案分成多個方面：給外表 8 分，給智力 14 分。他們突出自己的哪些優點？在哪些部分對自己評價不高？這裡面所暗含的自我評估，是不是比他們口頭上的說法更可信？這些真誠坦露或掩蓋訊息的痕跡，全都反應出彼此的自尊狀態。

從聚會中，你會發現自我的特質，或幾位需要心理協助的朋友。

第2章

自尊還是自蔑

謙遜令人鬱悶。

——儒勒・雷納爾（Jules Renard）

Estime et mésetime de soi

跟我說說你自己

自我貶低的藝術

你的自我觀是怎樣的？付諸行動的時候你如何行事？你面對失敗和成功是什麼樣的反應？

對這些問題的回答，可以讓你知道你的自我觀，你在自己的眼裡地位是高是低，或是毫無地位……（本章末附自尊測驗問卷，可以利用它快速評估你的自尊水準。）

當你談論你自己，措辭總是比較謙虛，你不會聲稱自己勇敢過人，但也不會把自己描述成懦夫；儘管你很喜歡好吃的東西，但也不會把自己說成美食家。總之，你會把自己說成並非人上人也不是小人物，你會避免使用太過絕對的說法，比如：「我愛死了」、「我痛恨」、「我就是這樣」等明確而強烈的字眼，一方面是由於害怕他人對你的評判（擔心如果談論自己的優點，別人會覺得你太自負；如果承認自己的缺點，別人又會認為你是個無用的人）；另一方面，是因為自己不瞭解自己，總在心裡自忖「說到底，我也不太清楚自己

懺悔與自傳：兩種談論自己的方式

歷史學家丹尼爾·布林思丁（Daniel Boorstin）在他的巨著中巧妙地比較了盧梭的《懺悔錄》和班傑明·富蘭克林的《回憶錄》。

他發現班傑明·富蘭克林的自尊似乎比較高，而法國作家盧梭的自尊比較低。儘管《懺悔錄》裡有部分文字對他自己的描述是比較美化的，但盧梭通常用毫無自滿情緒的方式描述自己：「讓他們（讀者）聽我的懺悔，讓他們為我的卑鄙而感到不齒，讓他們為我的悲慘命運而感到羞愧。」

富蘭克林則相反，他顯擺自己一輩子的成功故事，比如他這麼寫道：「愛上自己的人天下無敵。」

布林思丁指出，盧梭的目的是為自己懺悔，並且是真誠地懺悔；而富蘭克林的目的是為了顯得自己很真誠，展現自己的高大形象，像個當代公關高手。

喜歡什麼、不喜歡什麼」。如果是這樣，那麼，很有可能你不太看得起自己。

問題在於你並不是像一個憂鬱症患者那樣貶低自己的價值，而是根本不認為自己有價值。如果給你一系列「積極的」、「中性的」和「消極的」形容詞，你不會像自尊極高的人那樣，選擇積極的詞來形容自己，也不一定會選擇消極的詞來形容自己，但很有可能傾向於選擇中性的詞。

較低的自尊，在任何需要談論自己並把自己推銷出去的情況下，都是一個巨大的缺陷，比如應聘面試的時候，或是追求異性的時候。三十歲的司法顧問塞西爾每天都面臨這樣的困境：「我對這些人很失望，我覺得他們總是偏愛那些有點歇斯底里、喜歡表現自己的人。比如有個女同事非常受歡迎，其實她缺點很多，但她就愛到處張揚，表現出『我就是喜歡嚼舌根』、『我就是喜歡轉瞬即逝的東西』等等，所以大家都喜歡她，因為覺得她有意思，讓他們安心自在，因為她會主動把自己的內心想法全抖落出來。而我，每個人都跟我說：『你毫無缺點。』但我感覺我就是他們眼中最陰暗、最無趣、最呆板的那個人。」

模糊的形象

當被問到關於自己的問題時，自尊較低的人會花更多的時間來回答，有時候甚至會感到有點尷尬，這到底是一種謹慎的態度，還是一種不想太過絕對、避免表態的智慧？都不是。如果我們讓他評價別人，他往往會更快、更明確地表態，但這卻是自尊較高的人評論自己時的做法。

描述自己的時候，自尊較低的人總是不太有說服力，他的說法甚至會前後矛盾，所以留給對方的印象會因此打折扣。如果社交環境要求他快速做出評判（現代社會這一趨勢日益明顯，人際接觸越來越頻繁，速度也越來越快），自尊較低的人因為說話前後不一致（儘管與自尊較高的人相比，他們說話的方式較為婉轉），因而很容易處於劣勢。

正如一個接受治療的人所說：「我可以覺得自己很強大或者覺得自己一無是處，這得看我面對的是誰。」總言來說，自尊較低的人，的確很可能根據周圍的人或者說話對象，來改變他們的說法。我們可以看出，他們對於社會輿論的擔憂，常常會影響他們明確表達

你給別人留下的形象，是什麼樣子？

自尊較低	自尊較高
感覺很難認識自己	對自己的認知很清楚
用比較中性的方式談論自己	用很肯定明確的方式談論自己
用模糊不定的方式描述自己	用積極的方式描述自己
對於自己的說法有時候前後矛盾	對自己的說法前後基本上一致
對自己的評判不穩定	對自己的評判比較穩定
對自己的評判有時候取決於環境和談話對象	對自己的評判不受環境和談話對象影響
缺點：形象模糊不定	優點：形象鮮明穩定
優點：會根據談話對象選擇措辭，減少令人反感的機會。	缺點：太過肯定和簡化，有可能使某些談話對象不喜歡。

個人的觀點，在他們看來，個人觀點的正確表達，永遠都不如謹慎說話來得更重要。

假如一個人敢於身處帕華洛帝樂迷的高級餐廳晚宴，卻說：「不，我從來沒有去聽過歌劇。」或者和喜歡文學電影的影迷們共處時說出：「實際上我喜歡好萊塢的輕喜劇。」這通常是自尊水準較高的人才做得出來的事，但是有一個前提條件——這些話並不是突然冒出來故意為了要出風頭，而只是他們在真誠地回答別人的問題時，自然流露說出的。

自尊較低的人最明顯的問題是：其自尊會因為「環境的壓力」而降低。有個很好的例子是伍迪．艾倫在大銀幕上扮演的澤裡格（Zelig），這個身分不明的男人不斷模仿他的談話對象，以至於他最後連外形都變得跟對方一樣。四十歲的女教師安娜．克賴爾總是說：「我一直都在尋找我自己。比如我對自己的衣著品味毫無信心，所以我總是會去模仿我崇拜的那些人，模仿他們的穿著。一種下意識的條件反射——從外形去模仿我所羨慕的那些人，從小我就是這麼做的，模仿我的好朋友，模仿他們的姿勢、口頭禪和髮型，這能夠讓我對自己的感覺好一點。」

為什麼自尊較低的人如此謹慎？

自尊水準較低的人，為什麼比較謹慎？

對這個問題可以提出兩個重要假設：

一、對自己的認知不足——他們堅信解決問題的正確答案不在他們自己身上，而在別人身上。所以，他們花更多的時間觀察別人，然後照樣套用在自己身上，而不是思索自己的能力如何發揮。

二、害怕社會輿論評判——由於他們比其他人更擔心別人的看法和眼光，所以他們在必須評論自己的時候會更加謹慎小心，會採用比較中性的詞，小心避免自己出錯，或給別人留下錯誤的印象。這種完美主義使他們過度強調婉轉和懷疑。

事實上，在自我介紹中，最需要傳達的訊息並不是對自我的認知，而是對於自我所持有的信念。自尊水準越高的人，越覺得自己很瞭解自己，這種感覺會強烈地對別人產生正、負兩極的影響。

對於自尊較低的人來說，謹慎和自我認知上的猶疑不定，在某些特定的情況下可以成為優點。同理，自尊較高的人所表現出來的篤定，也不一定適合所有結交的對象和所有的社會階層。然而，目前的社會並不偏愛委婉細膩，自尊較低的人格特質，無疑對於要達到某些目標來說是一種缺陷。但在早期保守的年代，也許這種特質反而是很吃香的。

誰能幫我瞭解我是誰？

有個病人第一次來我們診所諮詢時，如此解釋他為什麼來找我們：「我在尋找我自己。」他確實存在比較嚴重的自尊問題。自尊較低的人，往往會意識到他們對自己的認識比較模糊，而這種疑慮促使他們自願進行心理治療。

生存力對任何人都是重要的事，我們可以想像失業會對自尊造成多大的打擊，所以在給失業者做能力分析時，有時候可以連帶發揮心理治療的作用，協助他們度過心理的難關。一個專門負責為遭解雇者安排工作的人員說道：「我們的工作很大一部分是讓他們重拾信心，因為失業這件事，會對他們心目中的自我形象造成巨大的打擊。**幫助他們發現自己擁有新的競爭力，並且相信他們本身已具有的能力，能使他們不過度懷疑自己，及早踏出下一步。**」

自尊較低的人對自己的懷疑，正好會被星相學或手相學等類似的騙術所利用。人對「自我」的疑問自古就有，這種想理解和把握自己「真正人格」的渴望，可以明顯解釋幾百年來星相學為何歷久不衰、持續流行。我們可以推論他們的客戶主要是那些懷疑自己、自尊較低的人，對自己的篤定和對未來的安全感都太薄弱，於是就這樣被巧妙地「撫慰和安定」了。

如果沒有羞怯的人，就不會有婚姻介紹所；沒有被害妄想症的人，就不會有私家偵探。如果全世界的人都奇蹟般地瞭解了自尊的秘密，那所有的星相學家、通靈者和占卜師都會破產。

Issue

自尊中的理智練習——明確篤定而不莽撞，猶豫謹慎但最終能下定論。

介紹自己：教育和文化的影響

自我介紹的方式不僅僅取決於一個人的自尊，還取決於所處的社會階層，以及國家文化所贊許的主流模式。

英國人傾向於低調，他們一直以來批評美國人的誇大其辭；而美國人則認為英國人虛偽。在美國洛杉磯跟人大談自己的成功故事，是很自然的事情；然而在英國倫敦這樣做的話，就會被人認為沒教養。

不過今日社會演變下，情況有點反過來，當我們去美國參加國際會議時，經常會驚訝地看到一些世界知名的美國研究人員，用幽默且謙虛的方式介紹他們自己的成果。

在法國，不同的地區和不同的社會階層，有著不同的教育模式：其中被稱為「良好教育模式」的，是強調盡量避免談論自己，更不要談論自己的成功，終極目標是談話對象也能遵循同樣的原則，互相比誰更謙遜。

同樣是社會文化的差異效果，也包括：誇誇其談會讓斯特拉斯堡人反感；而在馬賽的一些酒吧裡頭，則是被所有人默許為一種「社交遊戲」。

大千世界什麼人都有機會

把你自己想像成記者、人力公司顧問或是心理醫生，而你正和兩個人進行深入的交談：第一個人迅速地回答你關於他個人的問題，用積極的詞彙描述自己，用明確的態度肯定自身能力，在訪談當中說話前後一致；第二個人回答問題則極為緩慢，用中性且不積極的詞彙來描述自己，不明確表態對自身的評價，有時候前言不搭後語。

很可能，第一個人給你的感覺比第二個人更加有自信，你有理由懷疑第二個人的自尊水準較低。不過，第二個人介紹自己的方式，也可能更符合你的需要，假如你更注重對方的質疑能力以及細膩的表述能力的話。

我是誰？我的未來會是怎樣？

「你非常需要被愛，被人崇拜。你常常過度自我批評。有時候你會非常懷疑自己。你知道自己有很強的能力，而你沒有好好利用。」你認為這段話說得對不對呢？

說這話的人可以說「看得很準」，因為大部分的人都會認為這種用「套話」來騙人的描述是準確的。

曾經有人做過一個實驗：他在報紙上發佈了星座分析小廣告，給一百五十個人做出星座性格分析，其中一百三十個人聲稱非常滿意，覺得分析結果說的就是他們自己。實際上，這個實驗給每一個人的星座性格分析都是一模一樣的。

一個人越是懷疑自己，越難以瞭解自己。也就是說當一個人的自尊越低，就越容易上那些星座、占卜等騙人把戲的當，也越容易相信那些鬼話，於是那些星座專家和占卜師就能趁機發財。

你有什麼能力？

去，還是不去？

人的自尊水準越高，行動越高效，做出決策就會堅持下去。如此良性循環，自尊水準就會更上一層樓。

我們現在要談的，就是以「選擇」為軸心，分析出「決策」和「實施」兩者是如何相輔相成的。

一般來說，自尊較低的人很難做出決策。他們猶豫躊躇，有時甚至反覆拖延，有意將今天就能完成的事情拖延到明天。

「我改日再去拜訪這個重要的客人。」「我這個週末再來寫這封棘手的信件。」「我很想再見到她，但是現在太晚了，沒法邀請她看今晚的電影了，明天再試吧！」這種態度，治療師都非常熟悉。這可能是較為嚴重的一種心理障礙症狀，如「憂鬱症」傾向或「強迫症」，但也可能只是一種跟自尊水準相關的個性特點。

「做出抉擇」有多難？

行動還是不行動？自尊較低的人在面臨抉擇的時候，總會受到同一種困擾，就是必須「做出決定」。「選擇」就是「排除」，有一個病人這麼認為：「排除對我來說很難。我從來不知道如何排除，我很害怕選錯。」

他們在日常生活中一些無關痛癢的事情上，往往也是這樣反覆、猶豫和糾結。有人為此抱怨：「在交往之初，蜜雪兒惹得我很煩，去餐廳吃飯，她要花很長的時間選來選去，最終卻選了跟別人一樣的菜。」壓力大的時候，這種情況會變本加厲，像是有人說：「緊張、有壓力的時候，我丈夫早晨要花好幾個小時挑選領帶。平時他很快就選好了，實際上他根本就不在乎時尚和造型，甚至有點不屑一顧。但是當他需要去赴一個很重要的工作約會時，好像所有壓力都轉嫁到了選擇領帶的問題上。他害怕犯錯，怕顯得自己品味不佳，於是猶豫個沒完。」

這種猶豫不決，有時候會出現在更重要的人生決策上，有位病人說：「在我的事業中，曾經有機會獲得新職位，但是這就需要搬家。這事既有好處也有壞處，最後我讓我太太為我做決定。她為了孩子著想，最終選擇留在原地。今天回頭想想，我有點後悔，我們在這裡過得不錯，但我的事業有點停滯不前，我不知道當初是不是做了正確的選擇，但也許離開的結果會更糟糕……」

在心理治療中，我們經常需要處理這種問題。這種「選擇困難症」主要原因在於：這些病人認為在他們需要面對的問題裡，存在「對的」和「錯的」兩種選擇。他們認為必須不惜一切代價選擇「對的」那一個，不然會有嚴重的後果，必須一舉定終身。

實際上，事情極少如此。**我們在人生當中碰到的大部分選擇，都是有利有弊**，每種選擇的結果都並非「已定好對錯」。相反地，往往是我們在選擇之後「如何投入其中」，後續做事的態度，才會反過來使得這個選擇成為對的或是錯的。

走向從眾之路

因為自尊較低的人難於做決策，所以，他們往往傾向於讓周圍的人如：父母、朋友、結交的益友或損友來影響自己的選擇，尤其是當他們要做人生當中的重要決定時，像是：選擇學校系所、和誰結婚、選擇什麼樣的職業，「從眾」的道路，往往對他們是最有吸引力的一條。

我們有時候會用「精神可塑性」這個詞，來描述容易受到他人意見影響的這種人格特質，甚至會用「這人是個牆頭草」、「他總認為最後一個開口的人說的是對的」這類話語來評價這一類的人，這也看得出因低自尊所造成的行為表現，可能會讓人反感。

堅持自己的選擇

要達到個人的目標，最好具有較高的自尊水準。但是「執著」確實不是自尊較低者的個性特點，他們往往一遇到困難，或是一聽到反對意見就會放棄，例如：節食的成功主要

你怎樣付諸行動？

自尊較低	自尊較高
有時做決策非常艱難或者需要很長時間	整體來說做決策比較容易
經常為自己的選擇可能造成的後果擔心	高效行動以保證自己的選擇成功
在決策中有時太在意周圍人的看法	在決策中主要考慮自己的想法
在個人決策中遇到困難就很快放棄	遇到困難還是能堅持自己的決定
有時候迫於外界壓力而選擇	如果發現與自己的利益相違背，會拒絕外界強加的選擇
優點：審慎、考慮周到、有耐性	優點：可能成為革新者
缺點：猶豫不決或墨守成規	缺點：有時候太關注自己的短期利益

依賴的就是自尊的水準，如果自尊水準低，有決心卻不能堅持，一旦失敗就會徹底放棄，那便永遠成功不了。自尊水準不會在失敗的過程中得到提高，反而會導致下一次節食減肥的成功幾率進一步下降。

在決策中，個人的投入程度非常重要。自尊較高的人，一定會對自己做出的選擇表現出更多的執著——無論是想要追求自己喜歡的人，還是在某種他們熱衷的活動中獲得勝利。但他們對於自己不想太投入的事物就不會如此，他們會取消令他們覺得無趣的約會，或者是對做出的承諾反悔。

相反地，自尊較低的人反倒會對「迫於旁人壓力做出的選擇」顯得比較執著。最終，他們可能會得到一份毫無意思的工作、一段很不美滿的伴侶關係，或是不得不履行的承諾，比如：每個月的第一個星期天必須與嬸嬸共進午餐這種事。一旦做出這些選擇，承擔其相應的責任，他們就更難下決心放棄或者改變。並不是他們有受虐傾向，而是他們有**「決策困難」**。自尊較低的人一旦行動，就會更容易也更快地受到牽制，因為他們天生的傾向是「避免再做決策」；而自尊較高的人會說：「停！我不幹了。這不是我想要的。」

一然而，某些時候，較高的自尊會使人做出爭議性的選擇。一個很有天分、自信的少年，可能會放棄學業，去追尋自己的夢想，去玩搖滾，靠打零工賺錢，不顧一切阻攔（比如說父母的反對）；而他同年齡自尊較低的同學，儘管可能也有同樣的夢想，卻不敢去實現，他們會選擇尊重父母的願望，繼續讀書升學。

多年之後，很可能結果證明他的同學做的是正確的選擇。因此，**在年齡還未成熟之際，一個人稍微晚一點獲得較高的自尊性格，可能是有益的，如此可以避免過早做出風險較大的選擇。**

Issue

選擇只造成了不同的收穫，對與錯是我們自己製造出來的概念。

你是否對失敗和批評特別敏感？

驚弓之鳥如何再飛？

每個人都有可能失敗，這沒什麼大不了，只要你的自尊水準不是太低的話。因為一個人如果自尊太低，就很難從失敗的打擊中恢復過來，很難把失敗看作已經過去的歷史。比如，一群大學生去查詢他們的畢業考試成績，對於那些不及格的學生來說，考試失利會引起抑鬱，當然這種抑鬱是暫時的。但不及格如果發生在那些自尊低的人身上，我們會發現一段時間過後，失敗的影響依然在他們的身上持續存在。關於這種現象，有三種解釋：

一、從行為角度來看——自尊較高的人會很快投入到新的行動中，新的行動使他們不再關注過去的失敗，幫助他們忘記失敗。

二、從心理角度來看——較高的自尊使人能夠相對地看待失敗，不會因為一次的挫折就喪失整體自我價值感。

三、從情感角度來看——自尊較低的人經常會有負面情緒，失敗帶來的失望會助長他的負

一個絕望的案例

可憐的瓦代爾是孔代親王的廚師，因為在自己擅長的領域遭遇不利，脆弱的自尊大受打擊而了結了自己的生命。1671 年，他為親王準備大餐，所需的魚和貝類沒有及時送達，於是他將一把刀的刀柄插在門洞裡，一頭撞上去自殺了。

面情緒，使其再度深陷其中。

在遭遇外界的批評時，也會發生同樣的現象。誰都不喜歡受到批評，但是自尊較低的人相對來說更敏感，反應更強烈，受打擊的時間也更長。當別人給了他一個負面的評價，就很可能會聽到他說：「因為那一句話，我整整一個星期夜不能寐。」

有一位病人說：「對我來說，所有的批評都是對的。」批評對他來說，馬上會被轉化為一則重要的社會輿論，對他的個人價值造成否定，而不是被看作一條有用的訊息。因此，失敗在這些人身上會引發悲傷和慌亂，有時候太過於強烈，就會引發悲劇。

被人說到痛處時……

如果那些批評和負面評價，是針對自尊較低的人全力投入所做的事情而言，造成的打擊會更巨大。比如一個年輕的家庭主婦，她本來就對自己的能力有所懷疑，沒有工作的她，全心投入到孩子的教育當中，這樣的她，很可能因為別人批評了她的孩子幾句就哭成淚人。

同樣，一個剛剛入職、非常想給人留下好印象的年輕人，面對新工作感覺壓力極大，開會時，可能因為老闆的一句話就完全崩潰。實際上，老闆一向脾氣不好，所有的人都習慣了，只有他還不適應。

鋸齒狀心率模式

很多自尊較低的病人常心情非常差，這種心理疾病被精神治療師稱為「病理性性情改變」。儘管他們並沒有明顯的憂鬱症，但這種疾病往往至少每隔一天就會明顯導致情緒悲傷。病理性性情改變的主要原因之一，就是自尊水準極低，甚至可以說，在很多病例中，自尊水準低其實是這種病症的起源，導致病人無法面對生活中必須面對的事情。

我想知道真相……

矛盾的是，儘管自尊較低的人因此心情低落，但他們有時候反而最喜歡自討沒趣。一個年輕的女性說：「我就是要知道某些事，我不能忍受被蒙在鼓裡。一旦我對自己不滿意，我總想要向別人尋求確認，如果別人告訴我說我並不是很差，我往往不會相信他們說的話。我會想盡辦法要聽到他們說我不行，因為我總覺得批評比讚揚更加真誠。很可笑的是，當我聽到他們的批評，我會連續幾個星期不斷地想來想去，然後更加難過。我先生現在對我有戒心了，剛結婚的時候，他會順著我的意思說下去，我問他的時候，他會坦誠地告訴我哪裡有問題。但他很快明白，這樣行不通。」

有研究者把一些志願者分成「高自尊」、「低自尊」和「憂鬱」三組，根據別人填寫問卷表，來回饋他們的優點或缺點，接著請他們選擇其中關於自己正面或負面的評價來分享。最樂意聽到負面評價的人是憂鬱症患者，占八十二％；自尊較低的人緊隨其後，有六十四％選擇了樂意收到負面評價；而在自尊較高的人裡，只有二十五％的人願意聽到別人對自己的批評。

當然，我們也要謹慎看待這個實驗的結果。自尊較低的人，只在他們覺得「有可能改變」的方面願意聽取負面的評價，也許是因為他們認為可以改進自己；而在其他的方面，他們跟其他人一樣，還是希望能聽到別人的讚揚。所以，他們的這種行為是完全合適且正常的。

誰敢批評我？

至於那些自尊較高的人呢？他們一點都不矛盾。四十五歲的理查德說：「當我做得不好的時候，我不會問別人的看法，那只會讓自己感覺更糟糕。我肯定不會給別人把柄來打擊我，我會自己找出方法。就這樣。」

這些人不會過分看重別人的批評是否合理，**他們有辦法在聽到負面意見的時候，仍然關注自己的優點，因此，就不會被負面情緒所影響。**實際上，他們覺得「說他們好話的人」比那些「說他們壞話的人」更可信，因此，他們會主動過濾掉非常令人不快的評語。所以

預防自我崩壞的非常手段

史丹利・庫柏力克（Stanley Kubrick）在 1968 年拍攝的《2001 太空漫遊》（2001: A Space Odyssey）這部電影中，刻畫了一部擁有超級智慧的超強電腦 Hal9000。這台電腦很清楚自己的能力強大（製造者也許給他設計了一個功能叫作「高自尊」？）也非常敏感。

有一次，它發出錯誤的故障警報，卻拒不承認自己犯了錯，此後，它開始監視那些擔心它再度故障的太空人，因為他們討論是否應該把這台電腦的電源拔掉。這台超級電腦因為受到懷疑，故意害死了其中 4 位太空人，最後被唯一倖存的太空人終止運行。

這類人與自尊低的人恰恰相反，能促使他們修正心目中自我形象的是讚揚，而不是批評。

請注意，這並不意味著他們對批評無動於衷。相反地，他們也經常會因為受到批評而情緒不佳，所以他們要積極地過濾掉，甚至產生對立的狀態。當心了，如果他們覺得自己被人質疑，可能會突然高度關注對方的缺點，有研究指出：自尊較高的人往往更容易記住別人犯的錯誤，如果他們被人抓住了小辮子，他對別人犯錯的關注度就會提高三倍。這就是為什麼你要小心對待你的上級，如果他的自尊極高，那麼在他犯錯的時候，該有什麼反應？你懂的……

公開還是不公開？

我們還可以再補充一點：如果決策不會帶來任何的社會後果，那麼自尊較高和自尊較低的人之間的區別就會很小。實際上，大部分研究指出：自尊較低的人之所以不敢付諸行動，主要是因為害怕別人的眼光和評判，以及接下來的後果——那就是可能因此被人批評和否定。

根據研究顯示：當知道他們的決定會被其他人評判時，自尊較低的人會選擇盡量少冒險；當然，自尊較高的人不會這麼做。而在沒有社會評判的情況下，自尊較高和較低的兩種人之間沒有什麼區別，低自尊的人就會變得類似高自尊的人，敢於做決策和說出心底話。

然而，現實人生中社會評價無所不在。這就是為什麼自尊較低的人，一般都不喜歡參與競爭。六歲的居斯丁娜辯解自己為什麼拒絕跟同齡孩子一起玩桌上遊戲：「我不喜歡會失敗的遊戲。」對於成年人來說，學習新的體育運動也可以作為一種自尊測試，在被一大群人圍觀的廣場上學習溜直排輪或滑雪，對於自尊較低的人來說是相當難堪的事情。

杜絕失敗

杜絕失敗有多種可能的做法，自尊較低的人很願意採取的是「防禦方式」。最簡單、最極端的方式，就是盡量「不採取行動」，但也可以採取所謂的「防禦性悲觀主義策略」，也就是先跟周圍的人說不相信自己有機會成功，以此降低不成功時所帶來的失望。

三十五歲的西爾維是一家旅行社的經理，她說道：「我記得大學時有個女同學總是特別悲觀，她常說：『這很難，我不確定能成功。他們今年招的人不多，我覺得他們會很嚴格。』起初，因為我天性比較樂觀，聽她說這些話，我覺得很為她擔心，在我想像中她總是如此悲觀，心理壓力一定很大。我要是像她那樣每天都那麼悲觀地看事情，我肯定會非常鬱悶。但實際上，那只是她的個性、她的表達方式，其實她並沒有那麼緊張，只是缺乏自信罷了，而那些考試她也都通過了。」

Issue

負面感受的強烈程度，與個人自尊水準成反比。

失敗和批評的衝擊效應

自尊較低	自尊較高
失敗之時情緒激動	失敗之時情緒激動
失敗對其情緒造成持久的影響	失敗不會對其情緒造成持久傷害
如果在自認為擅長的方面遭受批評，會當場崩潰	被人批評敏感之處時不會輕易讓步，甚至會激烈地為自己辯解
格外注意別人對自己的負面評價	不在意別人對自己的負面評價
失敗之後為自己找理由	失敗之後不覺得有必要為自己找理由
失敗之後，會與比自己強的人相比，認為如果是某人一定能成功	失敗之後，認為很多人一樣也會失敗
受到批評就覺得自己被人拋棄	受到批評時不覺得自己被人拋棄
優點：具有爭取不失敗的動力，和聽取批評意見的能力	優點：面對挫折堅韌不屈
缺點：面對批評情緒持續低落，甚至反應過度，對尚未發生的事情過度焦慮	缺點：可能不太聽取批評意見

面對成功，你如何反應？

壓力與成功

很早以前我們就知道，某些幸福的事情會給人很大的壓力。有個很出名的問卷，調查了生活中最讓人手足無措的大事，包括結婚、升職、生子等。矛盾嗎？不。讓我們再看一下「壓力」的定義，所謂「壓力」，是一個人在必須適應處境的突然改變時，所產生的心理應激狀態。

這種面對巨大變化時失控的感覺，可以解釋我們在自尊較高和自尊較低的人身上，所看到的不同反應：自尊較高的人習慣於掌控處境，他們更願意把有利於自己的事件掌控在自己手中，並且肯定自我，像是：「如果我贏了彩券，是因為我買了彩券，選對了數字！」自尊水準較低者，則傾向於認為是命運的安排，而命運有可能在下一次機會來臨時捉弄他們。這也是為什麼一位三十七歲的行政管理幹部說：「折磨我的是責任。我做事非常勤勞細心，所以不斷得到升職機會，但每次升職都讓我特別緊張。一提到升職，我就想

面對成功，你是什麼反應？

自尊較低者	自尊較高者
喜歡成功	喜歡成功
成功會影響他們的自我觀	成功肯定他們的自我觀
喜憂參半	只有喜沒有憂
擔心之後不能達到別人的期望，不能保持成功	很少擔心不能保持成功這個問題
優點：謙虛低調	缺點：依賴獎勵
缺點：幸福焦慮感造成喜悅心情受到破壞，成功對其自尊的提高沒有幫助	優點：動機加強，成功有益於自尊的提升

到更多的責任、更多的工作。而且，我馬上會問自己能否達到他們的期望，會不會讓他們失望？會不會暴露自己的不足？目前為止一切順利，可是，萬一哪天不走運了呢？」

幸福焦慮感

我們驚詫地看到，有一些病人會有「幸福恐懼症」這樣的心理問題，他們難以享受自己成功的喜悅和品味快意的時刻。他們經常懸掛的心事和感嘆是：「快樂時刻終將過去，好景不常。」或者認為「接下來將遭受挫折、困難」。

過度意識「幸福不長久」，證明他們在內心深處質疑自己應對各種意外的能力，他們把生活看成一長串無止境的考驗，他們不讓自己過於開心的目的，是為了避免日後感覺過度不幸。有點像老農夫愛在極其晴朗的天氣裡說：「好日子終究要還的……」

冒名頂替症候群

「冒名頂替症候群」這種心理問題常被精神治療師們碰到，它往往出現在那些專業領域很成功、被人委以重任、受人信任卻懷疑自己的人身上。顯然，他們不會把內心的擔憂告訴別人，也不會表現出來。

「我真的配得上這個職位嗎？」他們不斷地問自己。他們害怕犯錯，怕讓所有人知道他們不配，他們經常問自己是不是鳩占鵲巢。一般來說，這些人的「自尊水準」跟他們的「能力發展程度」不相匹配，儘管他們已經身為專家，卻仍然總是把自己看成是初出茅廬的新手。

這種症候群對自尊較高的人所造成的影響較短暫，比如說當他們很快地平步青雲，跳槽到另一個公司，開始承擔更大的責任的時候，也許會短暫地為此事擔憂。我們的一個病人雅克就是如此，他在出版領域工作，是某出版社的高階主管，該出版社的競爭對手以高薪來挖角他的時候，他覺得對方對自己有極高的期待，跟承諾他的高薪成正比，他因此陷入了以前從未經歷過的失眠和焦慮之中。

危險的是，這種症候群極有可能在自尊較低的人身上長期存在。儘管他們能力很強，但他們總是這樣想：「我看不出來他們覺得我好在哪裡。」因此深感壓力重重，最主要的是他們在完成任務的過程中，始終有一種焦慮：焦慮自己的表現。於是，這些表面上看起來毫無問題、物質方面非常成功的人，其實是陷入憂鬱。

自尊較低者回應讚美的藝術

策略	標準回答
盡量弱化自己的作用	不，不是我的功勞
擴大化	無論是誰在我這個職位上，都能做出這樣的成績
用讚美來回答讚美	你也幹得很不錯
貶低自己的成績	真的不算什麼

為什麼如此尷尬？

讚美一個自尊較低的人，比如靦腆的人，他會表現出某種程度的尷尬。靦腆的人需要在「肯定自己」的集體治療中，練習「如何與人溝通得更好」，這也是心理治療師必須協助跨越的心理障礙。我們發現，他們當中大部分人，都因為不知如何回應別人的讚揚而感到尷尬，有時候甚至會因此衝著對方發火。透過觀察，我們可以總結出這些人在應對別人的讚美時，採取的相關策略確實有特殊之處：有時太過謙虛，卻又帶著委婉的藝術；有時卻相反地突然生起氣來。

對自尊較高的人來說，事情就很簡單。成功和讚美與他們的自我觀是一致的，對他們來說讚美不過就是一種肯定，完全可以坦然地接受，只要根據身處的社會文化規範來進行回應即可。

與歐洲人相比，北美人對讚美的回應更加遊刃有餘；在歐洲，謙虛則被看作社交場合上的一大美德；而對亞洲人而言，讚美有時候幾近失禮。某個朋友曾經告訴我們這樣一個故事：他有一次去中國旅行，幫他們旅行團做翻譯的那名年輕女孩很漂亮，他想獻獻殷勤，誰料他剛剛開口稱讚對方的美貌，那個女孩似乎一臉不解，然後生氣了，對他說的每句話都回應一句：「誇大其辭！誇大其辭！」

為什麼如此尷尬？自尊較低的人，面對成功和相應的社會效應會非常不自在，因為這使他們陷入了兩難：所謂的「認知不協調」。也就是說，他們覺察到自己的自我觀，和他們獲得的成功或讚揚是互相矛盾的。這也是為什麼自尊心較低的人，總會馬上去想成功之後的事情，因為他們要保證和信守他們的承諾。換句話說，他們在情感上是喜歡成功的，因為感覺比較好；但在心理上是害怕成功的，因為成功與他們的自我觀互相矛盾，導致他們處在一種必須達到別人期望之境地。

Issue

當幸運來臨，高自尊者為自己喝采，悲觀者則憂慮下一次的風險。

生活的動力和自尊

一飛沖天和盪到谷底都危險

我們已經談到了對自尊水準的幾個影響。當然，在日常生活中差別更為細微，並不像表格裡呈現的那樣截然不同。這些表格中的內容是基於實驗心理學研究的結果，高自尊與低自尊人群之間的區別因此非常明顯。

我們知道，**同一個人的自尊也會有變化，一個低自尊的人會在某些條件有利的情況下，表現出高自尊的行為特徵，但是在遭遇失敗之後，又恢復低自尊的態度。**這就是平時所說的「被勝利沖昏了頭腦」。在順風順水時，有些人會特別自信，甚至連身邊親近的人都認不出來。

自尊可以分成幾個部分，儘管一個人的整體自尊水準較低，但他可能在某個領域擁有較高的自尊。

人的反應，取決於他當下所處的領域，並非固定不變。

自尊與人生抉擇

自尊較低者	自尊較高者
害怕失敗	希望成功
與水準低於自己的人比，以求安慰	與水準高於自己的人比，為了幫助自己進步
不願冒險	喜歡冒險
當目標達到就止步不前	不斷突破自己的極限
習慣於躲在經驗的背後，感到安全	新的經驗會讓他們感到興奮
寧願在各個方面處於中等水準，而顯得沒有缺陷	喜歡在他們擅長的領域脫穎而出， 並能接受自己在其他領域沒那麼出色
優點：謹慎，自制	優點：自我提升，進步迅速，凡事從成功的角度來考慮
缺點：自我設限，進步緩慢，凡事從 失敗的角度來考慮	缺點：冒險可能帶來風險

自尊形塑了生活樣貌

我們所研究的這些人格特質的不同之處，在日常生活中會對一個人整體的自尊水準產生影響；而**一個人整體的自尊水準，會大為影響人生的選擇以及生活方式。我們可以看到：高自尊的人尋求個人發展，對風險的接受程度高；而低自尊的人選擇自我保護和避免風險的策略。**

很明顯，這兩種策略從長遠來看會產生不同的結果：高自尊會促使自己探索更多不同的環境，對自己的信念比較強，因此，能在經過若干失敗和挫折之後，找到「自己更好的道路」；低自尊則會以他人和環境來限制自己，守在他覺得安全的範圍內，以最大的程度去「降低失敗的風險」。

好還要更好……

自尊較高的人達到目標之後，會追求超越自己；而自尊較低的人會選擇止步不前。前者認為「不入虎穴，焉得虎子」；後者則認為「一鳥在手，勝過二鳥在林」。

為了避免對自己的評判過於極端，請在自我評判的時候不要這麼想：「我這麼做事，是因為我是一個高自尊的人（或是一個低自尊的人）。」而應該對自己說：「我如此行事，是因為我過去的經歷使我的自尊水準提升（或降低），自尊水準是可以調整的。」

Issue

對人生的最大注意力——自尊高的人追求成功，而自尊低的人憂慮失敗。

測驗

測驗A—自尊水準自測

以下這份調查問卷，將讓你清楚瞭解自己的自尊水準，請仔細閱讀並快速回答，在最接近你的觀點那一欄打勾。做完之後請參照本書附錄一，了解你的勾選代表著什麼意義。

評估你的自尊水準

	完全同意	同意	不同意	完全不同意
① 整體而言，我對自己滿意	☐	☐	☐	☐
② 有時候我覺得自己毫無價值	☐	☐	☐	☐
③ 我覺得自己有一些優點	☐	☐	☐	☐
④ 我有能力把事情做得和大部分的人一樣好	☐	☐	☐	☐
⑤ 我感覺自己身上沒有什麼值得驕傲的地方	☐	☐	☐	☐

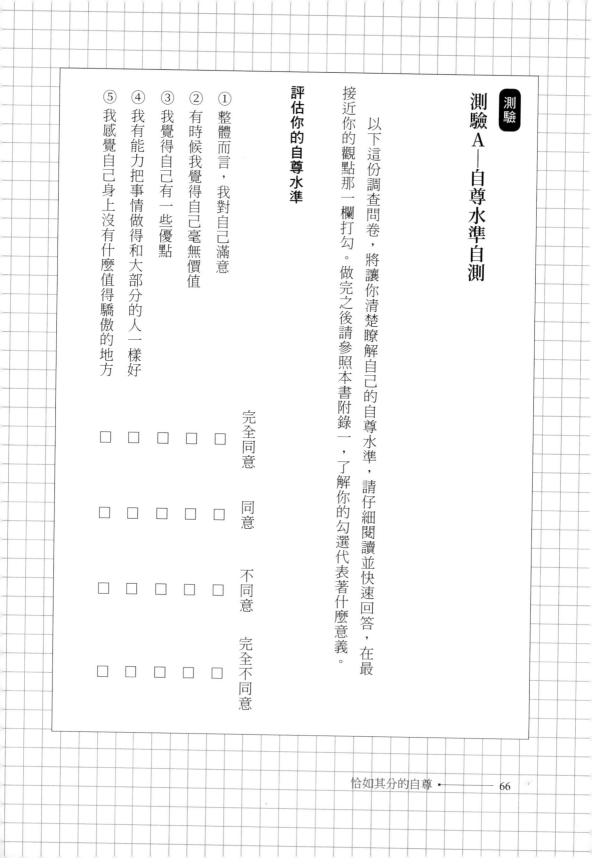

⑥有時候我覺得自己很沒有用	□	□	□	□
⑦我覺得我是一個有價值的人，至少和其他人一樣	□	□	□	□
⑧我希望能夠更看得起自己一點	□	□	□	□
⑨全面地來看，我傾向於認為自己是一個失敗者	□	□	□	□
⑩我的自我觀是正面積極的	□	□	□	□

第 3 章

你看不起自己嗎？

自戀並非總是罪惡的，但它有時候是萬惡之源。

——康德（Immanuel Kant）

Votre estime de soi n’est pas haute?

低自尊的好處

理想的人？

你也許覺得我們誇大了高自尊的好處，以為在我們眼裡，低自尊是人生中各種煩惱的源頭。的確，作為心理治療師，我們在診療中遇到很多痛苦的病人，他們大多都是自尊較低的人，因此，我們往往將「低自尊」與「難於面對現實生活」的心理問題聯繫在一起。

當然，有些人雖然看不起自己，但仍能適應現實生活，這些人並不會來找我們諮詢治療。此外，**每個社會都會產生一種「理想的人」**，在我們的社會裡，被媒體所鼓吹的理想人是都市人，有競爭力、比較現實主義、比較物質主義。**這種「理想的人」無論是男性還是女性，往往具有企業家或者領袖的特徵。**換句話說，這種「理想的人」集合了高自尊者的主要特點：企圖心強、遇到困難依然非常執著、願意冒險、有說服力。然而，這並不是說自尊水準高才是好事。恰恰相反地，也有很多實例證明，低自尊的人也有優點，高自尊的人則存在著很大的缺陷。接下來我們來談談這一點。

被其他人接受

這是低自尊者的主要目標之一——為了被其他人接受，他們想盡辦法。首先，他願意做出很多讓步和放棄很多東西，以求被人欣賞，或避免與他人發生利益衝突。其次，在很多社會階層中，與喜歡自吹自擂的高自尊者相比，他們那種謙虛低調的態度更受歡迎。尤其，**低自尊者非常擅於傾聽，他們對批評極為關注的態度，使他們能準確抓住別人的需求。**

考慮與自己不同的觀點

自尊水準低的人非常重視別人給他們的意見，認為由此可以改善自己的表現。**低自尊也可以成為一種成功的推動力**，好處包括以下幾點：

一、虛心受教——願意接受他人的回饋訊息，使他更容易及時調整自己，繼而被人接受。

二、善於傾聽——願意傾聽不同的觀點，使他能夠更清楚理解事情的狀態或問題。

三、努力工作——擔心辜負他人期待而努力不懈，可累積實力，提升對自己能力的信心。

謙卑——宗教美德

一般來說，大多數宗教都宣導人要謙卑，即主動降低自尊水準。對信徒們來說，謙卑首先是接近上帝的必要條件，同時也使他們更加尊重他人，不把自己凌駕於他人之上。宗教對謙卑的重視，可以用著名的聖本篤會的會規為例，這些戒律寫於西元四世紀，今天仍然在聖本篤修道院實行，其中提到了任何教士都必須遵守的十二條戒律。

謙卑、自尊和宗教之間的關係超出本書的討論範圍，在此，我們只是指出一件事——強調「謙卑」的宗教，一般看不起社會上和物質上的成功。這也說明了這些宗教的創立者深知「謙卑的品德」與「世俗的成功」是互相排斥的。

謙虛——文明世界的美德

俗世所謂的「謙虛」與「謙卑」是一對姐妹。從詞源上來說，謙虛 modestie 來自於拉丁文 modestus，是 modus 的衍生詞，意為遵守規矩、有分寸、節制。我們可以回過頭再看看大眾自尊水準的調查結果：**被歸為低自尊的人，其實大部分處於中等自尊水準，因為真正自尊水準最低的人，往往是「憂鬱症」患者。**

在我們的社會中，謙虛一直被視為一種美德，它首先具有一種調節社會關係的作用，令人內斂、利他，服從於集體利益而不追求個人利益。古羅馬人對此看得很清楚，所以當一位將軍出征大勝而歸，在羅馬城裡舉行盛大的遊行，品嘗名聞天下的美酒佳釀，面對人群歡呼的時候，會有一位奴隸受命在他耳邊輕聲說道：「Momento mori（記住你終有一死）。」他們清楚知道：一旦將軍迷上勝利的感覺，忘記了謙虛，對國家來說將是隱患。

Issue

激昂的高自尊者若想長期成功，必須有一組過熱煞車器。

聖本篤會的 12 戒律

這些戒律起初僅針對宗教信徒，後來其影響範圍擴大到宗教界之外，對西方的「自尊」概念產生了極大影響：

1. 對上帝始終保持敬畏。
2. 勿愛自己的意志，勿熱衷於滿足自己的欲望。
3. 出於對上帝、對天父的愛，完全服從。
4. 服從一切艱難或令人氣餒的命令，忍受各種磨折，保持耐性而不發出怨聲。
5. 不隱藏，向神父謙卑地懺悔心中的所有惡念和私底下犯的錯誤。
6. 教士應該安於屈辱和貧困。
7. 不僅聲稱自己低於所有人和最低賤者，而且從心底堅信這一點。
8. 教士不能破壞修道院的共同戒律和前人立下的規矩。
9. 教士必須守口如瓶，無人問及時必須保持沉默，什麼都不能說。
10. 不能愛笑或被人逗笑。
11. 教士開口時必須輕聲、忌笑、謙卑、嚴肅，盡量少語，不可高聲。
12. 教士無論在內心深處還是在他人眼裡，都必須極度謙卑，無論做宗教儀式時、在修道院中、在花園裡、在路上還是在田野裡，無論行、坐、立，都必須低頭垂目。

低自尊且成功的例子：達爾文

達爾文一輩子始終保持謙虛，害怕與人發生衝突。他乖乖聽從父親的教導學醫，其實自己根本就見不得血。與他同時代的人都說他「極其謙虛和氣，小心翼翼不觸怒任何人」。

從加拉巴哥群島（Galapagos）考察回來後，達爾文收集了數百種重要的觀察記錄和標本。他並不想出名，而是和妻子一起在英格蘭鄉下隱居。儘管他腦中關於物種演變的基本理論已開始成形，但他並不急於發表，而是繼續研究了十幾年，進行極為細緻的觀察和分類。

直到他聽說有一個比他年輕的自然學家華萊士（Wallace）將在某本科學刊物發表類似的理論時，他徵詢了多位朋友的意見之後才鼓起勇氣，於 1859 年在同一期刊上發表了關於「物種起源」的論文。論文發表後，達爾文遭到了很多反對者的激烈批評，他讓比他更出名、更善辯的朋友出面為他辯護，自己則不出聲。

就是這樣一個謙虛、明顯自尊水準較低的人，推動了科學史上如同伽利略、牛頓和愛因斯坦的發現一樣有重大意義的偉大革新。

高自尊的弊端

從自信到自滿

阿贊庫爾（Azincourt，法國北部的一個市鎮）在一四一五年十月二十五日，因急於打敗侵略者，法王查理六世軍中的貴族派出重裝騎兵，在最為不利的情況下與英國長弓手交鋒——面朝太陽、戰場狹長且泥濘。英國人根本不敢相信他們的眼睛：法國人在淹沒大腿深度的爛泥裡極為艱難地前進。當兩軍對陣時，法國士兵已經上氣不接下氣。最終，輕裝上陣的英國長弓手占了上風，如同打鐵一般狠狠出擊，法國士兵成片成片地倒下。

法國貴族中戰鬥力最強的代表就是皇家軍隊中的騎兵，他們無疑有著較高的自尊水準，但這沒能阻止他們最後陷入絕境，並把自己的國家拖入失敗的泥沼。更別提更早之前七〇年在克雷西（Crécy，英法百年戰爭中的克雷西會戰）也發生過類似的情況，同樣毫無準備的進攻，導致了同樣慘烈的失敗和傷亡。這樣的劇情在法國歷史上多次上演，後來還有軍事學院慷慨激昂地鼓吹：「不惜一切代價進攻！」一九一四年秋天，這一信條致使一

太過自負的企業

自信的危機在經濟領域也不例外，「自負的企業」成為了盲目的精英主義、領袖自信和技術自滿的犧牲品。20 世紀 60 年代的可口可樂、70 年代的 IBM 和捷豹這樣的巨頭，都因為過於自負而差點一敗塗地。

自尊水準過高導致他們不再關注客戶的需求，面對比他們規模小但具有無限活力的競爭對手時，他們往往缺乏警覺。

代法國年輕人在德國的機槍下送命。

過高的自尊，可能會降低個體處在競爭中的警覺性，從而給自身帶來危險。在戰場上也是如此，因為他們蔑視對手，或是沒有考慮自尊較低的人提供的重要建議，造成面對嚴峻現實的時刻他們極可能遭遇失敗。這也是拉封丹的寓言故事《龜兔賽跑》裡的教訓：過於驕傲的兔子，輸給了速度明顯慢得多但不斷堅持努力的烏龜。這種現象在運動比賽中很常見，你們也許記得巴西選手羅馬里歐，他在一九九八年七月的世界盃賽決賽之前對《*l'Equipe*》雜誌說：「法國隊很可能會輸三球。」我們都知道後來的結果是三比〇，獲得冠軍的是沒有傲慢明星球員的法國隊。

整體來說，較高的自尊容易使人忽視某些重要的資訊。我們知道，**自尊水準高的人很能承受失敗，那是因為他們往往會把失敗歸咎於外因**，也就是歸咎於非自身因素。但是，對一切問題都如此處理，從不懷疑自己，會令他們有時無法找到問題的根源，並且很少想到要檢討自己。就像很多有權勢的人就喜歡被人阿諛奉承，令他們失去了面對現實的機會。

從執著到固執：為了不丟面子

前文已經指出：高自尊的人有時候會比別人更堅持，即使他們的努力並不能帶來相應的成果，即使別人努力勸阻，他們還是堅持。這種現象有兩個前提：

一、全心投入認為會成功——他們對設定的目標全心投入，認為握有勝算。他們並不會為自己不看重的目標而努力。

二、認為凡事必有出路——他們認為無論遇到什麼問題，一定有解決的辦法。

在軍事史上這種情況不勝枚舉。第一次世界大戰期間，一九一七年春天，法國炮兵軍官尼維爾（Nivelle）將軍制定了進攻德軍的作戰計劃，認為可以取得決定性的勝利。然而，最高指揮部則擔心即將前來增援的美國軍隊「會搶走勝利的果實」，又害怕俄羅斯軍隊停止作戰的話，會讓德軍有喘息之機。

可是在定下作戰日期前不久，德國魯登道夫（Ludendorff）將軍在戰場上大大增強了防禦，尼維爾卻仍堅持他的計劃。第一晚預定前進十公里，結果法軍只前進了五百公尺，為此錯估造成數千人陣亡。

從一開始，原本以為可大破敵軍的施奈德坦克，就因為太重、太慢、太不經折騰，根本派不上用場。上級的警告、政客們的憂慮，尼維爾都充耳不聞。他對自己過於自信，始終堅持自身的想法。兩週時間，法軍陣亡十四萬七千人，導致法軍一百二十個師中有六十八個師發生暴動，尼維爾最終被免職。

高自尊導致的固執己見，在日常生活中也常能看到，當一個人對自己的能力過於自信時，他可能會固執而冒險地走一條風險極高的路。三十二歲的布盧姆明顯屬於高自尊水準的人，他分享了自己高潮迭起的人生經歷：「我一直覺得自己的人生一帆風順。我父母很好，給我很多自由。我天生性情溫和，姐妹都崇拜我。在學校我有很多朋友，呼風喚雨，儘管我的學習成績很一般，但為了能好好睡覺，我只考個及格就行。我覺得青少年時期過得非常愉快，女孩子都喜歡我，一天到晚就是玩，搞體育運動。光靠陪伴那些帆船運動員、冬天教人滑雪和倒賣二手跑車就能賺錢。必須承認，我有時候也會跟父母要錢，他們為了我願意付出一切。事業方面我沒什麼野心，我想先好好享受青春，然後再說。不管怎麼樣，我覺得我應該能在很多領域取得成功。」

「說起來，是我娶的那個女孩促使我安定下來，就像別人說的那樣。然後，我想在海濱浴場開一家衝浪帆船用品商店。我對這行很瞭解，這樣也還能保有我喜歡的生活方式。我父親是經商的，他勸我放棄這個想法，先去實習，學點會計，再找一個有經驗的合夥人。可是我不顧一切地開了店，因為我一直做什麼都能成功，無論是做生意還是追求女孩子。我對自己非常有信心，而且我覺得自己懂技術，生意一定會很興隆。結果並非如此，生意不好，我卻沒有及時收手，又說服了幾個朋友和銀行，讓他們相信生意不錯，從他們那兒借了一些錢，然後又買了更高級的裝備，結果還是沒能轉虧為盈。總之，我花了兩年時間一頭栽進裡面，最後倒閉。現在我在辛辛苦苦地賺錢還債。」

「其實這算是我人生的第一次失敗，是個打擊。但從某種意義上來說，也是個好的教訓。我以前總認為自己是超人，從長遠來看這種態度風險很大。」

願意冒險而快樂

自尊高的人很可能比別人活得更快樂，但這種快樂的生活也許非常短暫。實際上，**冒險行為往往與高自尊相關**，許多研究顯示：一些自尊高的人較容易酒駕、超速被罰。我們對從事危險運動的人研究還不多，但是可以推測這些人願意冒險，也是一種高自尊水準的表現。

當高自尊變成一宗罪

「謙虛」是自願降低自己的自尊水準，被很多宗教視為美德；「驕傲」這種高自尊的表現，則被看作一種罪惡，會使人遠離上帝和同類。基督教的七宗罪就以驕傲為首，不過我們可以看到，其他罪惡也跟驕傲有關。

對於「驕傲」的批評，並不僅限於宗教信徒，很多倫理學家和哲學家都曾對驕傲進行過批判。拉羅希福可（**La Rochefoucauld**，法國公爵、倫理學家、作家）就曾用很長的篇幅極為清醒地探討「自戀」的問題。

拉羅希福可身經百戰，包括參與投石黨叛亂，在路易十四的王宮裡又享受了榮華富貴。這位公爵退出政壇後開始寫作，一六六五年《道德箴言錄》甫一發表便大獲成功。然

七宗罪與高自尊的關係

罪名	自尊感
驕傲	我比別人更有價值
嫉妒	我應該比別人擁有更多
憤怒	在任何情況下，我都值得別人關注和肯定
懶惰	我不需要努力
貪婪	別人不值得我施捨
暴食	我值得擁有最好的
好色	我有權利用別人來滿足我的個人欲望

拉羅希福可：自尊心理學的先驅

以下節選自《道德箴言錄》：

- 美德走不了多遠，如果虛榮心不與它做伴。
- 不管別人把我們誇得如何好，我們心裡早就那麼認為了。
- 我們對自身善惡的感覺，與我們的自愛程度有關。
- 如果我們自己毫不自負，就不會抱怨別人自負。
- 如果人們從不互相恭維，真是毫無樂趣可言。
- 如果說虛榮心沒有完全顛覆一切美德，它至少動搖了它們的根基。

而，拉羅希福可對人的本性看法並不樂觀，他認為人的所有行為，即使是表面看起來非常高尚的利他行為，都是出於「自愛」。他說的自愛，是指人對自己的愛。

拉羅希福可早在佛洛德之前三百年，便強調人潛意識裡的欲望非常關鍵，並指出人往往想隱藏自己潛意識裡的這些欲望。太陽王王宮裡的特殊經歷，無疑讓這位偉大的倫理學家，有更多機會觀察眾多高自尊型的重要人物。聖西蒙（Saint Simon，法國政治家、作家）在他的《回憶錄》裡寫到謝弗勒茲（Chevreuse）公爵和他有一天去拉羅希福可家，看到非同尋常的一幕，令兩人目瞪口呆：這位主人竟然在和一名僕人下棋！

作為治療師，我們應該幫助病人提升不足的自尊心，但是**高自尊和低自尊分別有其優點，很難絕對地評判哪個較好。**實際上，「社會階層」才是決定性因素，**最好每個人都能擁有與你身邊的人價值觀相符的自尊水準**。如果你夢想成為媒體老大或極限探險家，最好擁有較高的自尊水準；如果你的理想是做社群服務團隊中受歡迎的一分子，一般水準的自尊可能對你更有益處。

Issue

能適應社會，生活愉快，就是最佳的自尊水準。

第 4 章

穩定還是不穩定？

像我這樣自尊過高的人，若是被人瞧不起便會極度痛苦。

——威廉・波伊（William Boyd）

Stable ou instable?

敏感、易怒、善變的心

不穩定的自尊？

自尊的水準，並不足以解釋一個人所有的行為反應，我們還得把他面對日常生活大小事件的忍受度考慮進來，因為自尊是會波動變化的。

有些人在努力想使別人相信他很自信的時候，反而會給人不太自信的印象。他們拚命想抬高自己，不停地誇耀自身的優點和成功，然而一旦發生什麼大事件，威脅到他的整體自尊的時候，他們的行為就會突然改變。

任何時候，他們都想要事情由他們自己說了算，因此時常表現得過於敏感易怒，一旦受到他人批評就會暴怒。這些看似內心非常強大的人，一遇到這種時刻，就會顯露出脆弱的一面。

每當他們使盡渾身解數，想要去說服別人自己究竟有多好，其實主要是為了說服他們自己。

十七歲的少女福斯丁娜向我們講述了自己的經歷：「我的父母邀請了他們的一對朋友夫婦，來我們家的度假別墅玩一個星期。那位丈夫一開始給我留下了深刻的印象——他非常英俊，衣著休閒而講究，像是嶄新的或是精心熨燙過的。他也很會說話，總是給每個人建議，有種『居高臨下的善意』，讓我覺得很不舒服。我覺得他從容的舉止和臉上永遠掛著的微笑，都是精心設計安排的。在我看來，他一直在仔細觀察自己對別人產生的影響，他反覆去談論自己做了什麼好事、工作、旅行，看似漫不經心，實則是在別人面前不停炫耀自己的成功。」

「有一天晚上，大家在玩一個桌上遊戲，要用畫圖的方式讓自己的搭檔猜出某個詞。他嘴裡不停地說，不斷表現自己的聰明，結果總是猜不出來。我的弟弟最先取笑了他，漸漸地所有人都開始嘲笑他。他很不高興，最後真的發起了脾氣，怪我們耍花招，憤憤地起身摔門而去。」

「所有的人都被他嚇傻了，他就像是變成了另外一個人。我母親在這群朋友都離開之後，跟我們說其實這個人並不是表面上那麼自信，才會因為兩個小孩子的玩笑話發那麼大的火。」

怎樣的人自尊是穩定還是不穩定的呢？接下來我們要討論這一點。

自尊的四大類型

首先，依照自尊的穩定程度，我們可以把自尊分成四大類，從而更清楚地理解人的各種行為反應。

自尊的穩定程度	自尊水準高	自尊水準低
穩定	穩定的高自尊（忍受程度高的高自尊）	穩定的低自尊（逆來順受的低自尊）
不穩定	不穩定的高自尊（易受打擊的高自尊）	不穩定的低自尊（容易變化的低自尊）

自尊動搖的臨界點

依照這個標準，我們又可以簡易地把自尊分為兩大類：

一、**情緒穩定者**——在面對問題時不會輕易失態，並且能保持言行一致，不因外部環境而改變。

二、**心理較脆弱者**——遇到敵對表現出情緒或僅僅是批評的時候，很容易覺得自己受到了攻擊和懷疑。

一般平和無事的情況下，這兩種人在表現上沒有什麼太大區別，然而當環境發生變化時，兩者之間就會出現明顯的差異。**競爭、質疑、失敗的時刻，都是檢測自尊穩定程度的試金石。**

日常生活中的高自尊

穩定的高自尊	不穩定的高自尊
在日常情況下自尊水準很少波動	在日常情況下自尊水準波動較大
很少花費氣力自我吹噓	花費很大氣力自我吹噓
處於少數劣勢、面對批評或失敗時，很少為自己辯護	處於少數劣勢、面對批評或失敗時，極力為自己辯護
理性地傾聽批評	情緒化地對待批評

高自尊的兩種類型

自尊水準高且穩定

外部環境及普通生活事件對這類人的自尊影響比較小。此類人不會花太多時間和精力維護或鼓吹自己的形象，比如在工作會議中，如果要求每一個參與會議的人員向其他人解釋自己的工作內容，並提出如何共同協作的建議，自尊水準高且穩定的人會表現得非常堅定，如果對方反對他的意見，他會仔細傾聽而不會顯得緊張，他會努力說服對方而不會攻擊對方。

自尊水準高而不穩定

儘管他的自尊水準高，但這種人可能會在受到重大打擊，尤其是在他們處於競爭狀態、受到攻擊的情況下，對批評或失敗做出激烈反應，視之為威脅，以過度強調自己的成功和優點為手段來自我吹噓。

以前面提到的工作會議情況為對照，自尊水準高而不穩定的人會利用有利的時機來表現自己，並會試圖獨霸發言的時間。

遇到反對意見時，她們很快就會表現出惱怒，並試圖用批評或過分的玩笑來打擊對手。

不同的情緒調性

與自尊水準高且不穩定的人相比，自尊水準高而穩定的人心態更為平和積極，他給人的感覺一般來說更加平靜，面對社會環境的波動，不會過於警覺和過度反應。

而自尊水準不穩定的人不是這樣，他總是擔心突然出現威脅、挑戰或不公，難以接受自己的優點或功勞不被承認。一個對自己看法較高的人，如果常常有負面或敵對情緒，如：緊張、不安、怨恨、嫉妒、惱怒、痛苦，往往顯示出他的自尊不穩定。

一位秘書說：「我真不敢相信我的老闆如此自滿，總是想讓別人知道他有多能幹。他一大半的時間在發火，總是很緊張，一有機會就指責所有的人。真可惜，他有時候還挺可愛的。」

高自尊也會很脆弱嗎？

水準高且穩定的自尊是堅定的，這樣的人不會時時刻刻懷疑自己的價值，他可以接受自己有時無法完全控制局勢，不覺得自己因此低人一等或者被人藐視。反過來，自尊狀態不穩定的人，儘管是高自尊，面對遇到的各種挑戰，無論大小都如臨大敵，視之為對自己形象的巨大挑戰，因此更加脆弱。

也許，我們可以這麼猜測，自尊水準高而不穩定的人，實際上是自尊水準偏低的，他

痛苦於功成名就中

著名的鋼琴演奏家李希特（Richter），年邁時有一次接受電視頻道採訪，顯露出自我認定上的困惑，以下是訪談的內容節選：

讓我們把鏡頭拉回到這位坐在桌前的老人，請他講一講卡拉揚是多麼虛無。

他說，他從來沒摸清莫札特音樂的門道，他從來不知道該怎麼演奏莫札特。

然後，他念出舊記事本上的最後一句話：「我不愛自己。」他抬起頭來，直直地望向前方，用手抱住自己的頭，沉默不語。

們努力想改變自己、改變周圍的人，反抗自身不願意承認的那個脆弱的自我形象。

為什麼存在這樣的差異？

這個問題的答案，可能在於父母對待孩子的態度。其實，我們常常發現那些「自尊水準高且不穩定」的人，童年和家庭生活多半有以下的經歷：

- **空泛不實的讚美**——當父母對孩子的讚美（「寶貝，你最棒」）和孩子的實際能力（他很清楚自己不是最棒的）之間存在很大的差距，從孩子在社會競爭中取得的成果就能明顯看出來。比如他不是班上成績最好的，也不是課外活動裡最受歡迎的人。
- **冷淡的親子關係**——父母過於理想化或表現比較冷淡，只關心自己，不關心孩子。孩子要引起父母的關注，令父母看重自己，就不得不努力展現自己的長處，以求贏得父母的青睞。

- **父母高自尊而不穩定**——父母本身自尊水準高且不穩定，孩子透過模仿，直接習得父母的處事模式。
- **獎勵型的親情**——父母只在孩子表現好的時候才注意、關心孩子。

至於「自尊水準高又穩定」的人，我們往往能發現以下的親子關係特性：

- **父母平靜穩定**——他們的父母也具有自尊水準高且穩定的特質，孩子於是有機會經常觀察如何平靜地對待批評，以及毋須不斷抬高自己也能被人尊重。
- **符合真實的讚美**——他們的父母會按照孩子的真實能力或潛力，給予他們符合實際狀況的讚揚。
- **無條件關懷**——他們的父母與孩子關係親近，時刻陪伴左右，於是孩子不需要過分表現來吸引他們的注意力。

高自尊與內向、外向人格

心理學家經常談及「內向」與「外向」。

這兩種人格特質也可以解釋「自尊水準高且穩定的人」和「自尊水準高而不穩定的人」之間的一些差異。

如果你是外向型——

你對外部環境的反應會非常敏感，比如他人的稱讚和批評、公眾的欽慕。你樂於表達自己的觀點和情感，喜歡受人讚揚，如：典型的政治家、商人特質。對批評有直接的反應，可能在那些沒那麼自信的人眼裡，會顯得有點自吹自擂。

如果你是內向型──

如果你是內向的人，你會比較安靜，更加關注自己的內心世界，對周圍人的態度和外部環境的變化、別人的讚揚都沒有那麼敏感，你很少表達自己的情感，如：典型的研究員、ＩＴ技術員特質。如果有人反對你的意見，你並不會立即表露自己的情緒，但就在對方以為你毫不在意的時候，你終究會極力維護自己的觀點，令對方感到詫異。

同樣是高自尊的人，其實這兩種類型在社會環境中，會呈現出不同的行為反應。

低自尊的兩種類型

自尊水準低而不穩定

這些人的自尊很容易受到外界因素的影響，無論是正面的還是負面的。他們的自尊在取得成功後會階段性提升，但通常不能維持，很快就會下降。因此，這些人一直努力想在別人面前塑造一個更好的形象。

同樣以工作會議為例，這種人往往很少發言，表現得很謙虛，表達自己的觀點時會非常謹慎，小心翼翼地觀察他人的反應。一旦有人反對，他很快就會亂了陣腳，從不堅持己見。不過，當他覺得自己已被人接受時，就會放輕鬆，並且能以更好的狀態去表達自己的

低自尊的波動穩定性

自尊水準低且穩定	自尊水準低且不穩定
在日常情況下自尊水準很少波動	自尊水準可能上升
往往處於消極負面的情緒狀態	處於積極與消極參半的情緒狀態
面對外界反應會有情緒變化，但行為很少受影響	面對外界反應會有情緒變化，行為相應作出調整
堅信自己無法達到個人目標	渴望社會贊許，導致偏離其個人興趣

想法。

自尊水準低且穩定

這種人的自尊極少為外界事物所影響，即使有利於他的事，也不會影響到他的自尊水準。他似乎極少用心提升自己的形象和自尊水準，習慣接受甚至忍受自己的低自尊。在我們所知的例子中，這種人很可能毫不起眼，要求他開口他才會表態，且往往選擇附和別人提出的意見。如果要他進一步解釋自己的想法，彷彿是對他施以酷刑，在這種情況下，他可能會表達一些比較消極的觀點。

進步的願望

自尊水準低且不穩定的人，很想改善自己以及自身的心態，因此多少還會採取相應行動；自尊水準低且穩定的人，則看起來幾乎是「逆來順受」，他們不會為了改善自己和別人眼中的自我形象而努力。

這兩者之間的區別，放在社會環境中才會更明顯地體現出來，前者會注意盡量避免失敗或被人否定；後者

儒勒·雷納爾的日記

儒勒·雷納爾寫於1887年～1910年之間的日記是一部傑作，體現了作者的智慧和細緻入微的觀察。讀這本日記的時候，我們可以感覺到作者的自尊較低且不穩定，日記裡多處體現出他對自尊心理學的思考：「我很喜歡聽到別人的稱讚。我不會故意求別人讚揚，但他們若是不讚美我，我會覺得難過。有人稱讚我的時候，我會馬上阻止，不讓他像我心裡希望的那樣繼續説下去。」

「經過一次又一次的失敗經歷，我可以肯定自己是個一無是處的人。」

「我偶爾會感到嫉妒，但從未有過野心勃勃的耐性。」

「我想要把事情做好，也想要讓其他人——任何人都行——能夠看到。」

「幸福意味著真正快樂，而不是讓別人相信你快樂。」

「我比以前謙虛了一點，又因為自己的謙虛變得更驕傲了一點。」

「反反覆覆，逆來順受。」

則早早認定自己會失敗和被人厭棄。

被人接受的願望

自尊水準較低且不穩定的人，盡力不在別人面前表現得過於敏感。有一天，一位小學女教師告訴我們：「我特別喜歡有些孩子，他們非常謙虛，默默忍受，像小老鼠一樣，盡力想把什麼都做好。拿到好成績的時候，他們非常非常開心，一切都藏在心裡，但是他們臉上發著光，可以看得出來他們像在雲彩上一樣飄飄然。失望的時候，也非常隱蔽，他們不會把自己內心的痛苦顯露出來，但內心是很難過的。」

「這些孩子讓我動容，因為我在他們身上看到了我自己。我小時候跟他們一模一樣，總是懷疑自己，總想把事情做好。順利的時候會覺得很心安；沒能像預期那樣取得成功的時候，則會有點哀傷。直到今天，我還是這樣。」

低自尊的根源

同樣地，父母也在這些人身上起了不可忽視的作用。我們常常看到，自尊水準較低且不穩定的人，在家庭和親子之間具有以下特質：

• **父母較少鼓勵和肯定**——從父母那裡得到的支持和鼓勵較少，儘管父母也很疼愛他們，但他們會說：「我的父母很愛我，但從來不鼓勵我，也沒有肯定過我的價值。」

• **能力普通**——在學校學業成績比較差，或者在其他的孩子中不受歡迎。有個人曾經告訴我們：「我在學校裡是個程度落後的學生，這一直困擾著我，給我留下了很大的心結。我從來不肯對自己承認這一點，這麼多年來我一直是失敗者。」「我從來沒能被其他孩子欣賞。」

另一個人說：「我頂多有過一、兩位朋友，她們跟我一樣不受歡迎，被邊緣化。我也不知道為什麼，也許是我太靦腆、戴眼鏡、紅頭髮。直到今天，我仍然懷疑自己有取悅別人的能力。」

• **父母過度保護**——父母過度保護且極少讚美孩子，讓孩子感到的困惑是：「母親為我包辦一切，並且總是告訴我，我是她長不大的寶寶，沒有她的話我只會麻煩不斷。你說我又怎麼能對自己有信心？」

自尊水準低且穩定的人情況類似，但通常更嚴重，亦存在有個別差異：

- **發生衝擊事件**——讓孩子感覺自己無法控制外部環境，比如說父母中的一方去世，或有典型的憂鬱症表現。
- **極度親情匱乏**——自尊問題會伴隨其他病理現象出現。我們後續會再談到這個問題。

喬蘭：穩定型低自尊的特徵

羅馬尼亞旅法作家、倫理學家喬蘭（Cioran），留下了一部登峰造極的虛無主義作品，他的文字是瞭解「穩定型低自尊心理」最佳的入門教材，以下為其論述的重要概念：

- 對於焦慮的人來說，成功和失敗沒有差別，他對這兩者的反應是完全一致的。兩者都讓他心神不定。
- 只有一件事情要緊——學會失敗。
- 能夠毫無野心地活著，是一種巨大的力量和幸運。我盡力做到，然而「盡力去做」這件事仍然是一種野心。
- 我的長處並非完全百無一用，而是意欲如此。
- 誹謗自己的樂趣大大超過被人誹謗。
- 一切成功都令人臭名昭著——在本人眼裡，自己從此一蹶不振。
- 經歷一次又一次的挫折之後，唯一應對的辦法是愛上挫敗，如果能做到，人生從此再也沒有意外，可以超越一切發生的事情，成為天下無敵的受害者。
- 達到精神完滿的必要條件——次次失手。
- 在林中散步，穿行於染上秋色的蕨葉之間，這就是勝利。贊同和喝彩相比算得了什麼？

如何判斷自己屬於哪種自尊類型？

事實上，將穩定型高自尊的人理想化，否定其他三大類型的人，是一種錯誤。自尊並不能代表一個人的全部。也有些人自尊水準高且穩定，但他們身上的其他性格特點很惹人討厭。

雖然，**高自尊通常是成功的必要條件，但它並不是道德品質的保證**。艾爾・卡彭（Al Capone）、希特勒、帖木兒（Tamerlan）及其他歷史上臭名昭著的獨裁者，往往是高自尊的人。若是把他們視為楷模，那就很有問題了。

自尊水準穩定與否，與其所處的領域也有關係。路易十四時期的法國政治家及首相柯爾貝是個擁有高自尊的「雙面人」，在履行首相職責方面，他擁有穩定型高自尊者的全部性格特點——頑固，堅持對國家進行必不可少的改革，能夠在國王的光芒下默默工作，沒有想要設法出風頭的野心。畢竟在路易十四這樣子的君主身旁，想出風頭既不容易也不合時宜。

順境測試：你對成功和讚美的反應

自尊類型	對成功的典型反應	對讚美的典型反應
穩定型高自尊	我很高興，做到了我覺得很開心。	非常感謝。
不穩定型高自尊	我早就告訴過你，好戲在後頭呢，那些不相信我能成功的人今天傻眼了吧！	繼續說，繼續說！
不穩定型低自尊	我現在達到你們的期望了嗎？	哦，你知道，這不是我的功勞。
穩定型低自尊	一週後得了一場重病。	別說了，我沒興趣聽。

逆境測試：你對失敗和批評的反應

自尊類型	對失敗的典型反應	對批評的典型反應
穩定型高自尊	這一次我沒有成功。	啊，為什麼要對我說這個？
不穩定型高自尊	就你，你懂什麼啊？	那你呢？你也不瞧瞧你自己？
不穩定型低自尊	我沒做好準備，表現得不好。	你這麼認為嗎？
穩定型低自尊	對，我就是沒用。你沒發現嗎？	沒錯，我比你說的還糟。

相反地，在社會地位方面，這位大資產階級雖被封為貴族，卻始終不被王宮的人所接納。他總是表現得極為冷淡，法國散文家塞維尼夫人還給他取了一個外號，叫「冷冰冰的北方」。他利用職權大肆斂財，貪婪又吝嗇。

如上一章所說，一切都得相對地來看待。大部分人在不同的情況下會採取不同的做法：有時候，我們感覺很自信，自尊水準很穩定；有時候，因為疲倦或者有不安全感，我們會採取另一種做法，自尊水準便會有所波動。

可以透過對成功、讚美、失敗和批評四種情況的反應，測試一下你身邊的人和你自己的自尊類型。

Issue

自尊分析並非要你對號入座，學會「調整」才是最重要的事。

PART 2

理解自尊

第 5 章

自尊從哪裡來？

她真的很好奇，不知道伊維特到底是怎樣保持如此的自滿，她那種根深蒂固的個性似乎是與生俱來的。
——安妮塔・布魯克納（Anita Brookner）

D'où vient l'estime de soi?

自尊成長的第一步

童年印記

「我記得我是在冷漠中長大的。」

說這話的年輕女人眼神悲傷而平靜。講述自己的童年時，她的聲調中沒有任何情感，如同旁觀者一般冷靜。

她繼續說道：「我的父母既不溫和也不兇惡，他們對我沒什麼興趣，既不關心我的痛苦，也不關心我的歡樂，我很快便習慣了完全不在他們面前表現自己的喜怒哀樂，自己也漸漸失去了各種感覺。我覺得自己不值得被人喜愛，以被動的方式接受了這一切，既不憤怒，也幾乎沒有感到痛苦。至少，我從未清楚地意識到痛苦。」

「成年以後，我覺得自己無足輕重。兒時不被喜愛，長大了也無人問津。小時候曾聽我父母說起，有些人悄悄死在自己的公寓裡沒人知道，這種恐怖的故事，令我害怕到超乎尋常的程度，沒有哪個跟我一樣年紀的小女孩，會為這種事煩惱。即使到現在，我還是會被這種社會新聞觸動。那是我童年留下的印記——害怕死的時候被人忘記，就像我小時候活生生地被人忘記一樣。」

自尊的起源

一個孩子從什麼時候開始有自尊？一個被父母千呼萬喚始出來的新生兒，就已經擁有比沒那麼受寵的嬰兒更高的自尊了嗎？

也許，父母帶著微笑和關懷的臉龐經常出現在嬰兒眼前，會對他未來自尊的形成發揮很大的作用，但是到目前為止，研究人員並不敢斷言：嬰兒在意識尚待形成的早期階段，是否就已經有了自尊？

自尊的起源，其實與「自我意識」的起源相關。

我們在前文中已經看到：自我意識是自尊的一大組成部分。**兒童大約在八歲左右，開始具有一種整體的自我心理意識。**

這可以用科學的方法進行測量和評估：孩子們此時能透過各種不同的特點來描述自己是誰，包括：外貌、性格；也能描述自己的情緒狀態，覺察到自己的不變之處，並能理解經過各種不同的年齡階段之後，自己還是原來那個自己。他們慢慢對自身有了意識，**在成長過程中，他們看待自己的眼光，構成了日後他們自尊的基礎**。

其實，根據兒童觀察研究顯示：前述這一切在八歲之前早已開始形成，只是在八歲之前，還很難用科學的方法去評估。

雖然目前對嬰幼兒的自尊研究還不多，但他們的自尊對父母來說，卻是一個真實存在的事實，請看以下這一則觀察。

討媽媽歡心

九個月大的塞萊斯特，已經懂得如何拍擊聖誕禮物來弄出聲響。當她看到媽媽被聲響逗笑之後，她一邊盯著媽媽，一邊又拍擊了幾次，每次都咯咯大笑。她母親說：「她為自己感到得意。」

這種得意，是否就是一種自尊的表現？她對自己的意識可能還沒有到這種程度——多數人都會這麼認為，而當我們就這個現象詢問她的媽媽時，她回答我們說：「孩子的自我意識？他們那麼小還沒有自尊！那算不上他們的自尊。那種自尊主要取決於我對他們的重視。」

若要嚴格定義自尊的話，其中必要的前提就是「不完全依賴父母，而擁有一定的個人自主性」。

快看看！我贏了

路易絲三歲，有生以來第一次在旋轉木馬上贏了獎，在此之前，她都一直眼饞地看著年紀比她大的孩子玩旋轉木馬。起初她並沒有參與競爭，後來試了一下沒成功，現在她終於成功了。

她驕傲地環顧四周，望著她的父母、姐姐還有圍觀的人。收到了自己贏得的獎券之後，她不願意兌獎，而是把它留了下來作紀念。她從旋轉木馬下來後，姐姐和朋友的目光焦點便集中在她身上，她就像是一個剛剛射門成功的足球運動員。這一下，讓她的自尊大大提升了。

當天下午，她的行為有了一些變化，路易絲顯得比平時安靜，不那麼黏著父母了，跟其他的孩子在一起也顯得更大膽主動。

孩子取得的成功，對於他的自尊有促進作用。按照提升自尊的作用大小，還可以分成幾個等級：在家裡拼圖成功，也會令孩子感到滿足，但這種滿足感比不上在外面玩耍時成功（從高高的滑梯上滑下來）那麼強烈。而最令孩子滿足的，是在競爭遊戲中獲得勝利，比如在賽跑或是桌上遊戲中贏過別人。

取得一個屬於自己的地位

打從三、四歲開始，孩子們就很關心自己是否被別人所接納。這與自尊之間的關係非常密切。

瑪麗昂二、三歲的時候，常常問別人自己的卷髮是否漂亮，她是幼稚園裡唯一一個長著卷髮的孩子，而且，她也經常向父母提出這個問題。

三歲時，她有時候晚上會哭鬧，因為她覺得朋友們不那麼喜歡她。三歲多快四歲時，當她的父母和妹妹對她穿衣的方式還漠不關心的時候，她已經開始早上在自己的衣櫥前一邊花時間挑選衣服，一邊解釋說：「麗麗說她今天會穿漂亮的裙子，今天我也要穿得漂漂亮亮的。」

為了讓別人看重自己

孩子為了想讓別人看重自己而努力，這也是很幼年就已經開始了。六～八歲之間的孩子，還可能會比較彼此的父母：「我媽媽比你媽媽漂亮。」「我爸爸是消防員。」再晚一點，八～十二歲時，對自己身世的幻想則常常出現：「我的父母並不是我的親生父母。我其實是某某人的女兒……」而那個「某某人」通常是個有名的大人物。

他們也可能遇到自尊的難題，例如：有一些孩子會因為自己的父母親而產生一些心理障礙。

一般來說，這通常都沒有太大的負面影響，但有些階段問題會較為明顯，一個大家庭的母親告訴我們說，在她看來，孩子開始進入青春期的第一個標誌，是他們開始因為母親而感到「羞恥」。

他們會要求她不要跟他們走得太近、不要送他們到學校門口，或者不要在他們的同學面前親吻他們。但是，這種抗拒主要是對父母「角色」的抗拒，而不是對父母「本人」的抗拒。如果父母不幸真的具有令他在同儕間被邊緣化的作為，這種情況就會變得更加令人痛苦。

一個病人告訴我們，她曾經因為自己的母親患有髖部疾病，走路一瘸一拐而感到羞恥，後來自己為此懷有罪惡感。母親去世以後她陷入嚴重的憂鬱，深深自責，怨沒有好好對待自己的母親，母親當時的身體狀況就夠令母親痛苦不堪了，而她當時竟然還「那樣」認為。

相對於羞恥感，有的小孩子會透過說謊來墊高自己，因而近乎說謊成性。他們會編造各種想像出來的故事，把自己說成一個有地位的角色，或者聲稱自己知道一些很大的秘密，這一切無非就為了讓聽眾看得起他們。

儘管喜歡編故事的孩子，並不一定真的是謊話連篇的騙子，但最後或多或少都會相信起自己編造的故事，也就是自己騙自己。

建築師巴斯卡說到他十六歲的教子時，給了我們一個很好的例子：「我很喜歡這個孩子，但他有時候也讓我覺得可憐，他總喜歡添油加醋。有一回他的父母和我在祖宅渡暑假，所有親戚的孩子都在。他一定是在那兒感覺不自在，也許是因為他的學習成績比別人差，他覺得非得給自己『貼點金』，所以開始說自己坐飛機的時候遇見了某位電影明星，還跟她聊了很久，又宣稱自己是柔道黑帶，然後說自己認識很多人，將來要開一間ＩＴ公司。」

「大家聽著都很尷尬，因為明顯看得出來他在撒謊。出於好心，沒人去拆穿他。有一天晚上，他變本加厲地編造故事，顯得極其可笑，也弄得非常難堪。我想跟他單獨談一談，但我明白他沒有辦法承認自己說謊——為了不丟臉，也因為他自己已經有點相信自己編出來的故事，他非常希望那些故事是真的。」

「說到底，他也是個可憐的孩子。但這一切編織的謊言，並不能幫助他從陰影中走出來。其實他有優點，可以好好加以利用，但他好像看不到自己的優點，或者是不相信自己有優點。」

Issue

人生的原點，對於低自尊的人來說，經常成為自我否定的原罪。

為自己的出身感到羞恥

很多作家曾說，在自己的童年記憶裡，他們曾經對自己的出身感到深深的羞恥。比如約翰．方特在《*Le Vin de la jeunésse*》裡寫道：

黑暗中，我摸索著來到了母親的房間。父親睡在她身旁，為了不吵醒他，我輕輕地搖醒母親，低聲問道：「你確定爸爸不是在阿根廷出生的？」「不是，他是在義大利出生的。」母親確定的說。

我回到自己的房間躺下，心神不寧，厭惡頓生。

我開始相信我的祖母是個土到無可救藥的義大利人，一個雙手交叉搭在肚子上，走來走去的貪吃矮個子農婦，一個喜歡小男孩頭腦簡單的老婦人。她來到我的房間，想跟我的朋友們聊幾句，她用土得掉渣的口音說著英語，把每一個母音拖得老長老長，就像在地上滾動的鐵環。

總之，她湊近我的一個朋友身邊，老眼昏花，笑嘻嘻地問：「你想去女子修道院嗎？」這真是令我咬牙切齒，Mannaggia（該死）！全毀了，這下他們都知道我是義大利人了。

課外活動，無情的世界

你忘了嗎？童年裡那些殘酷的事

成年人的記性不好。跟很多成年人以為的相反，小時候的課外活動，更像是美劇《達拉斯》（*Dallas*）或者是《豪門恩怨》（*Dynasty*）一般充滿鉤心鬥角，而不是《草原上的小房子》（*La Petite Maison dans La prairie*）那樣無憂無慮。矛盾衝突、拉幫結派、嫉妒、排斥、羞辱，這些都是每個小學生日常生活的一部分，其實，跟社會競爭和攀比一樣殘酷無情。

這些事件對一個孩子自尊的影響，超乎父母們的想像。自尊脆弱的病人在心理治療過程中，會很容易回想起當年這種非常殘酷、令人感到羞辱的回憶，當然，這是一種後知後覺。來聽一聽四十歲的社會工作助理瑪麗·克雷爾的訴說：

「我七、八歲的時候就已經去看心理醫生，因為我在學校裡碰到了各種問題，我不太喜歡那個環境。我很清楚地記得，每次開學，一群群的學生蜂擁而至，看得我害怕極了。我把他們分成兩類：比我高大強壯的、比我更受歡迎的。過了一段時間之後，我發現有第三類，我自己就屬於這類：可以被犧牲和被孤立的人。」

「儘管我學習成績不錯（我不想得罪老師），但我並不能安心。作為弱小的好學生，我被他們歸類為『戴眼鏡的乖寶寶』，並因此被捉弄。我自己有嚴重的心理障礙，我覺得自己毫無用處，也不受人喜歡。我甚至認為其他人並沒有完全意識到我是多麼地無能。我總是作噩夢，夢見所有的人都在追打我，朝我吐口水。每個星期天的晚上，一想到隔天要上課，我就會覺得身上某個地方不舒服。」

「但是，當然，我不敢將這一切告訴我的父母。我擔心他們不能理解我。他們在我看來也不是很聰明，我有點替他們感到難為情，覺得他們也很脆弱。」

學齡兒童會非常認真地相互攀比，不是所有人都會覺察到這一點。但如果你問他們，大部分孩子卻都能具體地把同學分成不同的類別：長得好不好看、受不受歡迎、學習成績好不好等等，還能總結自己在其中的排名，並得出難以反駁的結論，像是：

「亞利桑德拉比我長得漂亮，所以老師更喜歡她。」（露西，五歲）

「亞德里安偷了我的玩具，我哭了，可他是最壯的，所以他沒有把玩具還給我。」（凱撒，三歲）

孩子群裡的領袖和手下

以對自然界的嚴格觀察為基礎，研究人員總結了二十四～三十六個月大的幼兒們在互動之間，社會行為經常出現的幾種類型和特徵：

一、**「領袖們」採用各種「籠絡人心」的行為**——包括：送其他孩子東西，或邀請他們參加自己的遊戲，他們會在小夥伴們發生衝突時進行干預，扮演調解者的角色，同時，在獲取某件東西的時候表現出支配權。

二、**具有攻擊性的支配者**——較少採用籠絡人心的行為，主要採取的是「進攻」。

三、**被支配的膽小者**——這類型的小孩為了避免競爭和衝突，常常選擇退避，但同時也會採取籠絡人心的行為。

四、**具有攻擊性的被支配者**——有些人會參與競爭，即使屢戰屢敗，仍然採取進攻。

這些行為特徵中，最明顯的尤其是「支配」和「順從」的行為，從十八個月大的年齡就開始，並且越來越穩定。儘管就我們所知，目前還未曾有過這方面的心理研究，但我們可以很容易想像出來，這些行為與自尊水準之間的關聯：**「領導型的孩子」會有更多的機會受到肯定**，他們在情感方面沒有那麼脆弱，可能符合穩定型高自尊的特點。而「攻擊性支配者」這類型的孩子，則符合不穩定型高自尊的特點，會更迅速地覺察自己的領導地位是否受到威脅，**為了保衛自己的領導地位，經常會做出更激烈的反應，其整體理性控制的能力稍差**。

給父母的建議

孩子心裡的五道跨欄

兒童與青少年在自尊形成時期，最在意的五個重要部分，包括：

一、外貌——我的長相是否討人喜歡？

二、運動能力——我的運動能力強嗎？我跑得快嗎？我能自我保護嗎？

三、在同輩中受歡迎的程度——學校裡和班上的同學都喜歡我嗎？我有很多朋友嗎？

四、行為是否符合規矩——我是否被成年人視為可靠的人？我是否遵從社會規範，如：禮貌、自律等？

五、學習成績——我的成績還行嗎？

然而，無論是在自己或別人眼裡，孩子光是在這五個方面感受到自己表現合格，依然是不夠的。

即使是全班第一名的孩子，也有可能為其他的事情發愁。

兼保效應

其實，所有研究均顯示：高自尊的孩子，在他們認為重要的事物上會表現優異，在他們不感興趣的其他方面，則滿足於一般水準的表現。比如雅克和讓，這兩個年輕人擁有相同的特點：學習成績很一般，不強壯也不靈活，但他們頗受歡迎，因為他們遵從自己所屬的社會團體規則，對自己的外表也頗為滿意。然而，他們兩人的自尊水準測試，分數卻很不一樣（見左圖）。

雅克認為自己不擅長的東西不太重要，所以雅克的心態比讓的心態好；讓則是認為學習成績和體育成績都得突出，否則就看不起自己。

所以，家長們，在此給你們一個建議：**當你的孩子評判自己並表現出懷疑和抱怨時，一定要認真對待。**

這種努力是值得的。首先，要就這些問題主動與他進行溝通，表現出興趣，傾聽他的疑慮。這個過程是一種練習，以備日後之用。**長大成人後，孩子會習慣於尋求這種「社會支持」——與身邊親近的人探討自己的困難，獲得有用的資訊或積極的情緒回饋。**我們會在後文裡看到這種社會支援，對一個人的自尊將產生多麼重要的作用。

其次，透過你的建議與經驗分享，你可以幫助孩子相對地看待自己的憂慮。不過，必須注意一些原則（見 p.118 表）。同時請記住，如果童年時期沒有跟孩子進行這樣的溝通，

自尊與自我表現

雅克的自尊水準

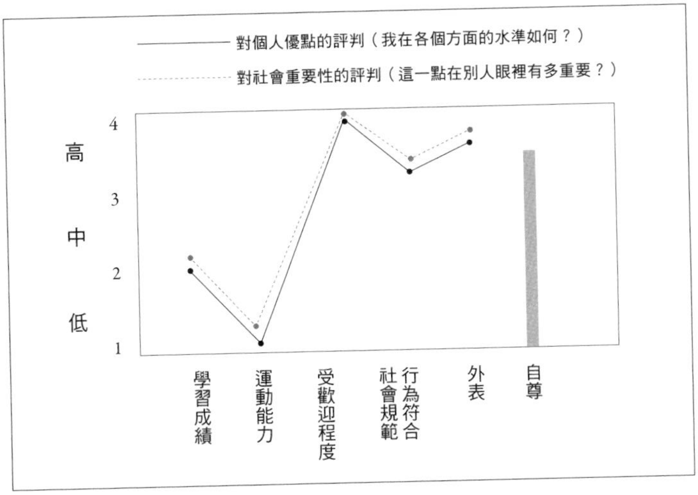

讓的自尊水準

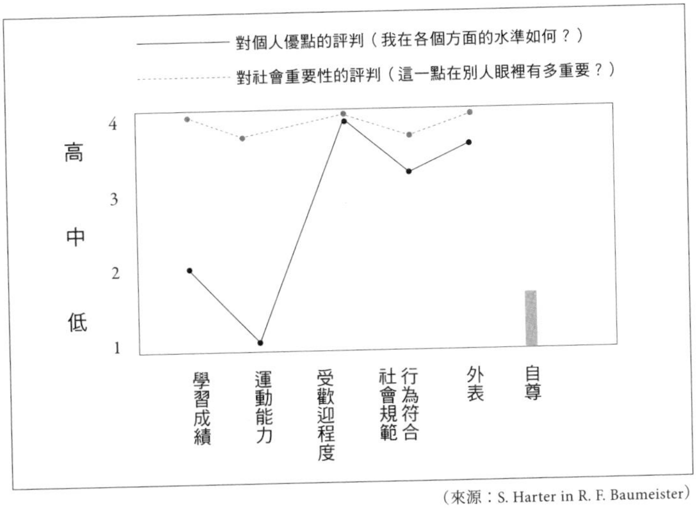

（來源：S. Harter in R. F. Baumeister）

父母的傾聽與回應

態度上的建議	適當的說法
仔細聆聽你的孩子說話，讓他明確、完整地表達他的想法和疑慮之後，再開始安撫他。	「你擔心自己長得不夠漂亮，是這樣嗎？我會告訴你我的想法，但首先請告訴我你為什麼對這件事這麼擔心？什麼時候開始想這個問題的？」
不要抹殺他的憂慮之重要性，像是不要說：「哦，人生有很多事比這嚴重得多，那些非洲小孩都快餓死了，他們才不會想這種問題。」	「我明白你跟凡妮鬧翻了所以很煩惱，看得出來你特別傷心。我理解，跟朋友吵架確實不開心，大人也會這樣。」
試著向孩子指出不是只有他一個人如此，其他孩子可能也有同樣的疑慮。	「你覺得老師喜歡別的孩子，就不喜歡你？你不覺得有時候，別的小孩也會感覺老師不喜歡他們嗎？」
不要急於給他安慰，先弄清楚他的問題。像是不要這麼問：「啊，你從星期一開始就鬱悶，是因為這個？寶貝，這沒什麼，一點都不要緊。」	「啊，你從星期一開始就鬱悶，是因為這個？嗯，好吧，我還是希望你早點告訴我，不然我不明白你到底發生了什麼事。你願意跟我談談這件事嗎？」
即使你覺得你能給孩子解答，還是必須要先引導他自己想想解決方案。	「我們來想想，怎麼才能讓老師多關注你一些呢？」

就別再指望青春期能與他溝通了，到那個時候，孩子面臨的問題和困難比小時候更嚴重得多，而他向你傾訴、吐露心事的能力，卻已經大大退化……

不要急於插手干涉孩子的每一個問題。他需要獨自面對一些困難，這是很正常且必要的過程。你只需留意他所面臨的困難，是否超出他的能力範圍，**父母僅在孩子應付不了，或者極為焦慮的時候才出手。**也不要扮演「心理醫生」，打探他心裡的所有想法，當他不肯透露的時候，父母要懂得退讓。

每天胡亂猜疑孩子的心思是無用的，比如說：「我知道你對我們這麼兇，是因為你不開心。」然後強迫孩子說出他心中的疑慮，這種做法可能適得其反，使得他更加不想告訴你，甚至還會降低他的自尊，破壞他完整的人格和心理自主的感覺。

Issue

決定幫助孩子鞏固他的自尊時，表達關心，但避免過分干涉。

給家長的練習題

一個小女孩回到家跟媽媽說:「媽媽，在學校，安潔爾她們從來不跟我一起玩。」你認為下面哪一種回答，最適合幫助這個懷疑自己的小女孩呢?

選項 A

「安潔爾是個傻瓜，她的朋友也是。別管她們，妳在一邊安安靜靜地自己玩。她們要是對妳不客氣，我就去找老師。」

選項 B

「啊，真糟糕。這讓妳不高興啦? 好，跟我講講吧! 她們怎麼跟妳說的? 妳又是怎麼做的呢?」

選項 C

「啊，她們從來不跟妳一起玩? 我明白了。妳還記得小時候那些大孩子也不願意帶妳一起玩嗎? 應該是因為今年成績下降了吧，所以妳才擔心自己不引人注目，沒人喜歡你。」

家長練習題：選項分析

回答 A 好嗎？

有點干預得過多了，不是嗎？如果你這麼說，小女孩可能會得出這樣的結論：

1. 那些排斥她的人和批評她的人完全沒有價值。（這種保護孩子自尊的方式比較牽強）
2. 沒有了母親或守護者，她沒有辦法在社會上得到承認。（這對她的自尊也沒有好處）

回答 B 好嗎？

答對了！**在表明你的看法之前，你首先嘗試瞭解孩子是怎樣看待這個事情的，這樣有益於保護孩子的自尊**。孩子覺得自己的意見受重視，得到了尊重，便會願意和你一起尋找解決辦法。

回答 C 好嗎？

這個回答屬於擅自揣測，對於孩子的自尊有負面影響。假如這個猜測是對的，孩子會覺得她在別人眼裡是透明的；而父母是全知全能的，比她還清楚事情的本來面目以及應該做什麼，有些孩子一輩子都會受到這件事影響。如果反過來，猜測是錯的，孩子會覺得很孤獨，不被人理解，就連自己的父母都無法瞭解自己。

來自父母與朋友的壓力

別人的評判目光

上文談及孩子對自尊在各方面的重視程度不同，這不僅僅取決於他自己的判斷，還取決於其他對孩子能力進行評價的人之看法。

對一個孩子來說，重要的評判者有四種，也就是自尊的四種來源：父母、老師、同輩（同班同學乃至同校同學）以及親密的朋友。

當這四種來源都「運作正常」時，孩子的自尊就能夠充分發展並得到鞏固。如果缺少其中一種，另外幾種可以對其進行補強，比如孩子知道自己的父母和朋友都喜歡他，只有老師不喜歡他，這樣他還可以忍受。

這四種**自尊的來源，同時也是壓力的來源**，分別對應孩子的四種社會角色，孩子唯有扮演好了這四種角色，才能具有較完善的自尊——做個好孩子、好學生、好同學、好朋友。換句話說，他要付出四重的努力，才能維持好自己的社會形象。

自尊的四種壓力來源

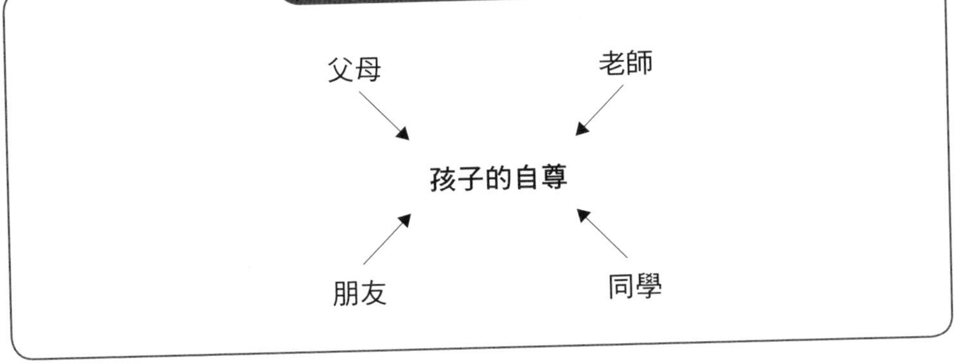

對幼兒來說，最重要的意見來自於父母；但隨著年齡增長，同輩的看法慢慢變得越來越重要。

因此，兩歲半的瑪麗會對想對幫她穿長褲的媽媽說：「露西說我們可以穿裙子去上體操課，反正她比妳清楚，妳又不去上學。」在不同年齡階段，這四種來源的重要性會有所變化：

三～六歲孩童——自尊形成的關鍵階段

在這個階段，孩子的人際關係網絡無論從數量還是複雜程度上來說，都發生著爆炸式的增長。這種趨勢在男孩身上比在女孩身上更明顯。女孩喜歡一對一的來往，男孩則喜歡成群結隊。這個階段被一些人稱為「小青春期」，孩子會有反叛行為，重視己的朋友，開始脫離父母的權威。

其實，**這個時期是自尊形成的關鍵階段，尤其是在社會關係這個層面**，因為這個年紀的孩子尤為關注自己的受歡迎程度，不過父母並不在此列。

父母仍然是最重要的情感、愛的來源，在社會行為規範以及學業方面，他們仍以父母的意見為主；然而，同輩的意見在外表、運動能力和受歡迎程度三個方面最受重視。這就是為什麼父母很難在這三個方面給孩子信心。「可是媽媽，妳不明白」或者「爸爸，你根本不懂」這類的話語會經常出現。

青春期——家庭之外的人變重要

到這個階段，父母已不再是最主要的自尊來源，而家庭之外的人變得越來越重要。不過，父母的贊同或反對仍會產生重大影響，直到少年離家之後，父母這一部分的影響力才開始削減。

法蘭西教育委員會對四千名青少年進行了調查，結果顯示：父母並非最不受重視的交談對象（見左表）。

青春無悔？青少年自殺問題

青少年自殺的現象屢屢發生，如今，法國青少年死亡的第二大原因就是自殺，每年約有一千人自殺身亡，試圖自殺沒有成功的人數更多。

為什麼自殺頻發？為什麼發生在青春期？有些心理學家認為：「自尊」問題可以部分地解釋這一現象。

我們知道，不少青少年會出現短期憂鬱，但憂鬱並不是引發自殺的唯一因素。一些研究證明，青少年自殺傾向與低自尊相關。我們會在下文中看到，青少年在青春期經歷的身體變化，確實與自尊方面的問題有所關聯，同樣地，學習成績差和難於融入團體或工作環

青少年心事，誰人知？

傾訴對象	坦誠心事的百分比 （12~19 歲青少年認為可以輕鬆地與該對象談論自己的困擾）
同性朋友	83%
母親	78%
異性朋友	58%
父親	51%
姐妹	42%
健康專家	38%
兄弟	37%
老闆或同事	27%
老師	24%
精神治療師和心理專家	6%
其他	36%

境，也是很多自殺青少年的共同點。

在前文已提到，社會風潮對自尊也會產生重要作用。自殺成功的事件在媒體上被報導之後，試圖自殺的人數會突然上升，像是傳染病一樣。

這種現象並非新鮮事，一七七四年，歌德的名著《少年維特的煩惱》出版後，歐洲便出現了一波青少年自殺事件。有些年輕人在讀完小說之後，模仿書中主角的行為，結束了自己的生命。然而，這種從眾效應，主要影響的多為那些自尊脆弱的人。

青少年在情感上非常依賴自己的父母，他對自己的看法與他跟父母關係的好壞，其實是直接相關的。

然而，所有青少年在叛逆行為表現中，給父母的感覺卻恰恰相反，因此，他們遭到越來越多的誤解和批評，從而失去了很大一部分的親情和社會支持。這種損失不一定能在同輩的支持那裡獲得補償。結果，使得青少年得透過其他社會經驗重新評估自我，加上「恢復自我價值感」的心智能力尚未完全到位，就在這個時候，他們的自尊開始歪斜坍塌，最脆弱的那些孩子承受不住打擊，便開始崩潰。

青少年試圖自殺的行為，往往是一種求救行為。在某些情況下，孩子可能是想提升自我的價值感，以及在別人眼裡的地位，才採取這種可悲的絕望之舉。在急診室裡工作的精神治療師常見到這種情形：父母往往是在孩子試圖自殺的時候，才坦誠地向孩子表達自己的愛和關心。

現年二十三歲的雅司米娜說：「十六歲時我曾經自殺三次。當時我非常痛苦、十分迷惘，我完全失去了方向。」

父親從來都不在家，母親瘋狂拚命地工作來養活我們，我的弟弟們弄得我疲於奔命，學校裡的老師總是衝著我發火。我覺得沒有人理解我、沒有人愛我。我還記得第一次吞下母親的安眠藥時，我腦子裡想像著自己的葬禮：我看到他們在哭泣、在悔恨，都說著我是個不錯的女孩之類的話，說的都是我從來沒有在現實生活中聽過的好話。想到這些我高興起來，於是有勇氣吞下那些藥片。」

諷刺的是，事實經常也是如此，葬禮上的致悼詞，往往是我們一輩子收到最多讚美的時刻，因為我們身邊的人此時不再反覆指出我們的短處，只關注我們的優點。既然我們的社會以這種方式褒贊逝者，而在他們活著的時候卻對他們毫不關心，那麼誰又能指責這些青少年為了「吸引別人的關注、提升他們的自尊」而試圖自殺呢？

Issue

孩童至青少年人際關係的四條安全帶——父母、老師、同儕、好友。

長子和幼子的困擾

分享父母是件難事

小妹妹出生之後，三歲的傑琳出現種種古怪的舉動，讓她的父母非常擔心。有一天，他們發現她獨自坐在樓梯上，嘴裡輕輕念著：「媽媽，媽媽，妳愛我嗎？」妹妹出生之後，她還會故意做出一些蠢事惹父母生氣，例如：像嬰兒一樣說話，或在床上尿尿。媽媽說：「她貶低自己，故意把事情搞砸」爸爸說：「她傷害自己。」此時她的自尊狀態實在不佳。

弟弟或妹妹的出生，總是對長子或長女的自尊造成打擊。**長子往往會害怕失去自己在父母心目中「唯一受寵者」的地位**，不同心理特點的孩子，其表現形式也會不同，像是公開反對、行為倒退、尋求關注等等，所有情況都顯示孩子開始深深地懷疑父母對他的愛。他會想：「他們是不是更喜歡另一個孩子？他們真的能將愛平分給我們嗎？」由此，孩子也會懷疑自己：「我到底做錯了什麼？他們要這樣懲罰我，抱著一個不認識的傢伙？他們有了我還不夠嗎？為什麼帶來另一個孩子？」

第三個孩子出世時，第二個孩子也會一樣難過，經歷同樣的地位變化，他成了中間那個孩子。通常長子此時已經度過了最困難的時期，小弟妹的到來，對他來說有可能是件好事，因為他作為大哥哥的權威這下翻倍了。

劃定自己的勢力範圍

長子和獨生子，似乎比其他孩子更容易在學業上取得好成績——在學校成績好、智力測試結果較佳、被好學校錄取的機率也更高。是因為他們的自尊水準較高嗎？這種說法不僅太過簡化，也太不公平。實際上，長子並非事事一帆風順。他們在社會上的壓力更大，而且受歡迎的程度通常低於幼子。

不同於長子，**幼子的自尊以「社會關係」為中心，而長子的自尊以「能力表現」為中心。**如何解釋這種現象？可以用「勢力範圍」來解釋：為了達到父母的期望，長子把自尊投入到成功和表現上；因為「好學生」的位置已經被長子給占據，幼子於是選擇投入到「人際關係」上。

勸退的藝術

五歲的克萊芒斯和三歲的奧德在家裡客廳的黑板上畫畫。奧德動作笨拙地畫了一個小人，但水準不差，跟她姐姐克萊芒斯三歲時畫的一樣好。克萊芒斯看到妹妹的畫之後大叫：「你畫的小人太差了！畫得不好！」不一會兒，奧德離開黑板玩別的去了，那個上午她再也不肯畫畫。

寫字的時候，同樣的情況再次上演。奧德每次試著寫字，總是被姐姐打斷，然後放棄，因為克萊芒斯不遺餘力地打擊她，阻礙她繼續努力。不可避免的結果是：奧德不再像姐姐那麼喜歡學習和閱讀，很快就覺得自己不行，因此變得較少投入學習。是因為她一開始就不像姐姐那麼有天分嗎？

我們常常可以看到長子會明裡暗裡勸阻幼子進入他擅長的領域，並且以毀滅性的打擊為威脅。

克萊芒斯擅長學習，所以她不停地在這個領域批評和打擊她妹妹，以保持自己的領先地位。相反地，她很輕易地把體育運動這個領域讓給了妹妹。

跟他們同一樓的鄰居家裡，情況剛好倒過來，長子奧克塔夫有誦讀困難，因此把學習這個地盤讓給了自己的弟弟，但小心翼翼地保護著自己在運動方面的優勢。

這兩個家庭的案例讓人想到賽車——賽車手必須透過後視鏡不斷觀察緊跟在身後的其他賽車。就是這個道理，長子也不得不一直緊盯著弟弟，因此長子一般比幼子焦慮。

長子的壓力

在家中排行上的這種焦慮差異，說明了**長幼次序不僅影響自尊水準，還影響自尊的穩定性。**對於長子而言，他的自尊首先會得到極大的滋養，因為父母對於第一個孩子會付出許多的時間，給他拍很多的照片；後來出生的孩子比較不會享受到這些。其次，父母的情感滋養註定要被分享——不管父母怎麼說愛是無限的，但父母養育子女的時間是有限的。因此，長子會有一種受威脅感，且更加明確地認識到自己享受到的好處可能會失去，所以他的自尊沒那麼穩定。

對於幼子而言，情況正好相反，從他出生的那一刻起，他從父母那裡得到的愛，就已經是與哥哥姐姐分享的，所以，他在心理上並沒有那麼明顯有失去的威脅（除非又有弟妹出生）。

另一方面，他會自動轉向其他能為自尊帶來滋養的人際關係，如：同輩的贊同與重視。長子則不那麼需要同輩的贊同與重視，因為他已經擁有了父母的贊同與重視。

幼子的反叛精神

上面提到的兩個小女孩克萊芒斯和奧德，有一回去她們的祖父母家度假，她們在那兒找到了克萊芒斯出生以來，祖父母給她買的所有玩具。很快兩人之間便爆發了衝突——每當妹妹靠近一件玩具，克萊芒斯便衝過去搶走。她對妹妹說：「這個玩具是爺爺和奶奶給我買的，不是給妳買的。所以這是我的玩具，妳不能拿。」實際上，她有這麼多玩具，純粹只是因為她比妹妹先出生。

但妹妹會怎麼想呢？她會接受這個讓她委屈地處於劣勢的既成事實嗎？還是會反抗這種現狀？後者似乎才符合她的利益，而且她也馬上就這麼做了——她攻擊姐姐，引得祖父母出面干涉，然後給她們平均分配玩具。

美國研究員弗蘭克・薩洛韋進行了多年的研究，比較孩子的長幼次序和他們個人命運之間的關係。他的研究似乎顯示**長子往往較為保守，而幼子則較為反叛**。這個現象在科學界尤為明顯，在歷史上二十八項重要的科學革命之中，有二十三項是由身為幼子的科學家引領的。

一般來說，長子傾向於維護已有的理論，比如達爾文革命性的「物種演化理論」，法國是當年堅持反對到最後的幾個頑固堡壘之一，這背後也跟「長子」特質有關。

薩洛韋指出在十九世紀時，法國出生率下降的情況，比其他歐洲國家出現得更早，他所調查的法國學者平均只有一・一個兄弟或姐妹，而其他國家的學者平均有二・八個兄弟或姐妹。可見法國的「長子」、「獨生子」居多，固守傳統的思想特質也較強烈。

在政界，偉大的革命家如：丹東、列寧、卡斯楚等多為幼子，是長子革命家的十八倍之多。當然也有例外，比如切・格瓦拉，但薩洛韋指出切・格瓦拉並不是真正實質上的長子，實際上他是「幼子」，因為他從小患有嚴重的哮喘，所以深受母親溺愛，四個弟弟常常聯手捉弄他。

客觀來說，因為提升自我價值的方式不同，長子傾向把自尊投入到維護傳統當中（因為他們是第一受益者），造成想要提高自尊的幼子，只有唯一的選擇——盡量避免在長子已占領有利位置的勢力範圍內與之爭奪，不如改弦易轍。

很多病人的故事也是如此，比如六十五歲的瑪麗・弗朗索瓦，她曾跟我們訴說她兩個

科學名人出生排行與創新接受度

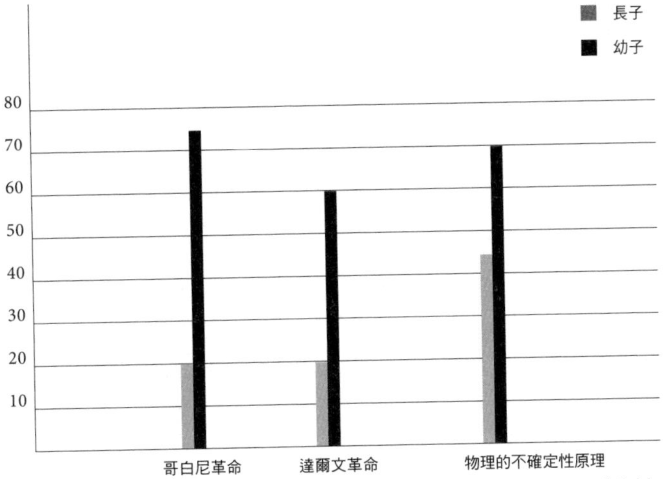

（來源：F.J. 薩洛韋）

長幼次序與自尊發展性

長子發展特質	幼子發展特質
自尊水準稍高	自尊水準稍低
自尊相對不穩定	自尊相對更穩定
自尊主要來源為父母和權威人物的滋養	自尊的滋養來源多樣化，除了父母還有同輩和家庭之外的關係
學業表現相對較佳	情緒狀態較佳
自尊主要投入在父母所期望的領域	自尊主要投入在不同於父母期望的領域
較正統	較反叛

女兒的故事：

「我們有三個孩子。兩個大的是女兒，最小的是兒子。兩個女兒非常親近，也總是在互相較勁，但她們的行為方式很不一樣。大女兒一直住在家裡，直到二十四歲才搬走，我不得不把她趕出家門，因為她不肯出門。相反地，小女兒十八歲就離開家了，如果我們當初讓她自由選擇的話，她可能獨立得更早。」

「大女兒選擇了我想做的職業，成為精神運動訓練師，因為我一直都對心理學感興趣；二女兒選擇成為音樂家，搞藝術，家裡從來沒有人做這一行。」

「一開始她的父親非常擔心，她父親是工程師，不太相信二女兒可以靠藝術養活自己。大女兒一直跟我們住在同一個城市；小女兒一有機會就到處跑。還有很多這樣對比的類似例子，都顯示大女兒的選擇一直比較傳統和保守，小女兒就不一樣。但說到底，重要的是她們倆都過著愉快的生活。」

Issue

習慣享有優先權與最多資源者，一旦競爭者出現，自尊就會大受波動。

學業上取得成功

上學的心理衝擊

三歲的內西姆和艾利進了幼稚園，內西姆有兩個姐姐，他經常跟媽媽一起送兩個姐姐到學校門口，姐姐還經常向他誇學校的種種好處。因為他年紀最小，有很多表兄妹，因此習慣處在群體之中。

艾利則是獨生子，被父母過度地寵愛和吹捧，上學之前他很少有社會交往，因為他一直被一位喜歡他且疼愛他的乳母照料。

上學一週之後，內西姆顯得比以前更有自信，他很驕傲地展示自己的畫，談論自己的老師和新夥伴。有時他會遇到一些小失望，但很快就在姐姐的建議下解決了。星期六早晨不用去上課，他還有些失望呢！

相反地，艾利的父母很擔心他們的兒子不喜歡去學校，上學時總是鬧彆扭，顯得驚惶失措。他對學校很失望，覺得不如爸爸媽媽描述的那樣完美，老師也告訴艾利的父母艾利

上學對自尊的影響

家庭環境	學校環境
非競爭性環境	競爭性環境
熟悉的對象	不熟悉的對象（一開始）
以一個孩子為主	以群體為主
對孩子的要求非常個性化	對孩子的要求不太個性化（一開始）
可能倒退（透過受到母親的照顧恢復自尊）	不太可能倒退（儘管幼稚園的主要作用是像母親般地照顧孩子）

有點難融入群體。上學第一天，艾利想強迫其他孩子接受自己，結果很快被邊緣化，這似乎讓他深受打擊。

內西姆的自尊明顯在上學過程中得到了提升；而艾利的自尊則受到了小小的打擊，當然這是暫時的，這會使他學到一些教訓。

如果對你的孩子來說，家庭生活與學校生活之間的轉換有些突兀，那將會對他的自尊產生一些影響。

此時你可以協助他做好心理建設，並提供一些關於新環境的資訊，來緩和環境變化所帶來的衝擊。

但是請注意，要避免過分地美化學校，比如說艾利的父母在他上幼稚園的時候常常告訴他：「上一年級你就會認字了。」然而，他上一年級的第一天晚上回來還是不會認字，這可能就會使他產生強烈的失望和失信感。

高自尊的孩子就是好學生？

「孩子的自尊水準越高，學習成績就會越好。」大部分專家都做出這個結論。實際上研究得知，自尊水準比較高的孩子，其成功的因素也包括大多數的家庭條件都不錯——有人照顧他們，並關心他們的學習。**與其說自尊決定了學習成果，更應看到家庭如何形塑了孩子的自尊水準。**進一步來看，根據自尊水準的高低，可以預測孩子遇到學業上的困難時，會採取什麼樣的應對策略：

一、高自尊孩子的適應性

高自尊的孩子一般會採取面對和適應問題的反應，比如尋求社會支持，對未來仍具有信心，並有質疑自己的能力，積極面對現實等等。

十五歲的塞德里克說：「去年特別不順利，數學一團糟，我跟同學們討論了一下，發現不止我一個人如此。我父親告訴我，他讀書的時候也為數學頭疼，可是他現在是工程師呢！這讓我有了信心。我沒有放棄，埋頭鑽研課本，心想一切都會好起來的。過了一個學期，我的數學成績又能跟上了。」

二、低自尊孩子的消極反應

低自尊的孩子遇到困難時，往往採取低效的態度，因此可能使情況進一步惡化，像是傾向宿命論、逃避問題，對未來看法消極。

例如十八歲的伊娜思說：「我從高中開始不再努力學習。那年一開頭就不順，老師逼我們加快速度學習，但是我跟不上節奏，考砸了二、三次之後，我開始懷疑自己，開始討厭高中。晚上放學回到家，我會把書包扔到一邊，如果爸媽不問，我可以整晚不開口說一句話。高中是殘酷的，然後我對自己說，我可能就不是塊學習的料，因為我總覺得壓力大，學得很苦。」

有研究顯示，成績落後的人，自尊水準多數都低於優等生，這種傾向很容易讓原本無憂無慮、天天玩樂的落後生，一下子變成了折翼的天使！因為學校裡充滿競爭和攀比，學業失敗若是經常發生，會導致孩子痛苦煩惱，不知不覺中深層破壞了他的自尊。

教育叢林裡的小白兔與大野狼

大體而言，**「競爭性的學校體制」會提升高自尊孩子的自尊，破壞非高自尊孩子的自尊。**反過來，**「非競爭性的學校體制」對於優異學生的自尊提升則較少，但會改善落後學生的自尊。**

這很符合邏輯，因為在「非競爭性體制」中，成功並不會被過度看重，失敗也不會受到嚴苛的懲罰或被示眾批評，因此，低自尊的孩子不會像在競爭環境中那樣感覺受到極大的威脅；而「競爭環境」則適合高自尊的孩子，他們之中有的人能平靜面對競爭，有的則會比較緊張。

留級會不會影響學生的自我價值感？我們可能會覺得有影響。其實，對這個問題進行的研究指出，情況並非如此：也許是因為重新再學了一遍，這些學生感覺學起來沒那麼困難了。另外，該研究還顯示，因為補習班老師採用了特別量身訂製的教學法，程度落後去補習班的學生，其自尊水準因此高於普通班沒補習的落後學生。

智力有障礙的學生，若是在特殊學校裡上學，自尊會增強；如果他們在一般學校學習，自尊水準則會下降。這裡可能有多種解釋：也許是因為特殊學校的教學法，總是會去強調他們的成功之處，而不是失敗和弱點；或是因為特殊學校裡沒有不利於他們的相互比較和競爭。也許在他們走出學校，重新融入社會時，問題才會出現：這些學生習慣了沒有競爭的小圈子，重新回到競爭激烈的一般社會環境後，會變成什麼樣子？這也是教育和社會之間，不斷要相互檢討和調整的矛盾點。

新教育、老傳統，自尊何處尋？

隨著一九六八年學生運動和英國夏山學校（Summerhill School）的聲名大振，「新型學校」在法國遍地開花。

夏山學校建於一九二一年，由 A.S. 尼爾創辦，位於英國英格蘭薩福克郡，是一所民主學校、另類學校，以生活公約和自主學習，取代威權體制教育中的校規。它完全不由成人安排任何課程，一切的教育以學習者為出發點。

從二十世紀七〇年代開始，「新型學校」在法國迅速發展，這些學校堅持去除鼓勵競爭的機制，如：成績獎項等；增加課外活動，給每個孩子在至少一個領域有突出表現的機會，所有人與人之間沒有等級，沒有強加的壓力關係。

以下是法國圖盧茲草場學校一位校友的證言：

「我在這個學校度過的那段時光充滿了愉快的回憶。老師不給我們壓力，成年人跟我們很親近，尊重我們的不同，鼓勵我們自由地表達自己的想法，既不責備我們，也不排斥我們。那段時間給了我很大的自信，相比之下，在普通高中不得不接受一般教學方式的時候，我學得很困難，那些課挺無趣的，老師態度又冷淡，也不怎麼關心我們。我討厭長時間高難度的學習。」

說到底，這種新式學校的最大優點，就是盡力培養學生的自尊，可惜這一個目標，即使不會妨礙知識學習，仍沒有被公立學校視作需要關注的頭等大事之一。

如何幫助孩子上名校？

孩子的學業成績自然是父母關心的大事。父母都知道自己在這個方面可以發揮積極的作用，然而，大部分研究指出，父母的作用並未在直接輔導孩子學習方面顯現效果（像是我得檢查他的作業，督促他背書），而是反應在整體教育的態度上。他們的態度會使孩子更有責任感，比如除了在學習方面，父母可以在與孩子有關的家庭決策上傾聽孩子的想法（像是去哪裡度假、如何裝飾他的房間），鼓勵他表達自己的觀點、徵詢他的意見，並且納入決策考量之中，或給他小額零用錢做使用規劃。

反觀，單純的學習輔導，對於孩子的長期學習成績影響甚微。小學階段這樣緊盯指導也許成效明顯，但從青春期開始，學習成績很可能直線下降。不少成績尚可的學生進入初中、高中和大學之後很難適應，並不是他們沒有以前聰明，而是當父母提供的幫助越來越少（因為孩子拒絕父母的幫助，或者父母不再對孩子進行監督），孩子卻還做不到「自己學習」。

父母的角色關鍵，在於透過對整體教育品質的提升，來提高孩子的自尊。「自尊水準」才是最準確的學習成績預測指標。

在學習中發揮重要作用的，不只是智力和認真刻苦，還有情緒的穩定性、對失敗的接受度等，這些都與自尊有關。

要想讓孩子學習有成，父母必須平衡好「安全感」（讓孩子知道父母愛他）**與「規則」**（提醒孩子遵守規則）。由此，我們劃分出四種教育類型：

一、嚴厲型——規則太多，安全感太少。像是：「廢話少說，給我看書去！」

二、包庇型——沒有規則，安全感過多。像是：「寶貝，我愛你，要不我幫你做作業？」

三、放任型——沒有規則，也沒有安全感。像是：「睡覺前記得把電視關掉。」這一型還可以細分為兩小類：一類是「有意的放任」，父母認為不引導孩子是正確的教育方法；另一類是「無可奈何」，父母放棄對子女提出任何要求和建議。

四、激勵型——既有規則，又有安全感。像是：「寶貝，你的作業做得怎麼樣了？」

很明顯，想要你的孩子學習好，必須關心並培養他的自尊，不僅要關心他的學習能力，還要關心他整個人。

四十五歲的父親讓．馬克，將自己的態度做了如下總結：「我這輩子從來不把物質財富當成留給孩子的目標。如果能留，當然很好，但其他方面更重要。我不願意為了物質方面的滿足，而犧牲自己的幸福和他們的幸福。」

「我自己的父親就放棄了太多自己的生活，像瘋子一樣拚命工作，說是為了給我們提供優渥的生活條件，結果不僅我們沒有好好得到父愛，他也沒有好好享受天倫之樂，五十歲就去世了。」

「我覺得對我的孩子來說，最重要的是對他們付出時間、愛和關心，讓他們學自己想學的東西，不必焦慮需要花費多少金錢和時間，而是讓他們對自己有信心，其他的都沒那麼重要。」

Issue
短暫失敗，可以樂觀以待；長期的失敗，會內化為自我的認知。

父母的支援

你所重視的特質？

近期，有人對父母和老師進行調查，瞭解他們希望孩子擁有哪些素質。「自信」位居第二，僅次於尊重他人。同時，研究人員也對六～十四歲的兒童及青少年進行了調查，結果「自信」僅排在第六位，次於分享精神和正義感。不論成年人或孩子，都把競爭意識排在最末位。

如果把這個調查結果和以前所做的研究進行對比，會很有意思，在二十世紀六〇年代或八〇年代進行同樣的調查，結果會是一樣的嗎？過去重視高考，如今人們重視自我，關注於為自己創造美好生活。

情感與教育的滋養

三十歲的斯蒂芬說：「我知道父母愛我，但他們沒有花時間表現過對我的愛，他們倆

你最重視哪些特質價值？

調查問卷中針對不同群組提出的問題：

◆針對「父母組」（527 位）和「老師組」（312 位）：

Q：「我將列舉幾種孩子可以培養的特質，請一一回答您是否覺得該特質最值得重視。」

◆針對「兒童及青少年組」（257 位）：

Q：「想想你的朋友，無論男孩還是女孩，他們身上的哪些特質是你喜歡的？」

特質	在 3 組中平均總體排名	父母組排名	教師組排名	兒童及青少年組排名
尊重他人	1	1	1	2
自信	2	2	3	6
分享精神	3	3 並列	10	1
正義感	4	7	6	5
獨立自主	5	3 並列	2	12

在自己的事業上都非常成功和投入。我父親是銷售經理，我母親是廣告人，我和我的兄弟姐妹是保姆帶大的，週末的時候，他們經常把工作帶回家完成，或者去購物、見朋友，所以我們跟他們在一起的時間極少。」

「我弟弟成了癮君子之後，他們倆非常內疚，但並沒有因此改變生活方式，反而更加埋首於工作來逃避。與家庭生活相比，工作能帶給他們更多滿足感。回顧童年，我覺得自己在父母眼中無足輕重，這種感覺很不是滋味，這要怪我沒有吸引他們注意的能力，不能怪他們熱衷於工作。因為這種狀況，我花了很長時間才建立起自尊，說服我自己我有存在的價值。」

孩子是靠從父母那裡獲得的愛來滋養的。光有「愛意」還不夠，**孩子不只需要覺察到愛意，還要有具體愛他們的行動來支持**，使他不至於陷入無助的痛苦，或讓自尊受到無可挽回的破壞。

如果沒有具體愛的表現和行為，孩子會自行得出以下的結論：「他們愛我，但是我不如其他的事情重要，不值得他們重視。」孩子的自尊水準會因此很低；而通常這些父母都以為自己已經很愛孩子，得知孩子的這種想法時會非常意外。

有了情感的滋養，表達並具體給予孩子愛，就足夠了嗎？我們都知道中國的一句古訓：「授人以魚，不如授人以漁。」這句話也適用於自尊，如果你希望孩子能夠引起別人的好感，從別人那裡得到正面的回饋來滋養自尊，就必須教會他方法。這也就是**教育的作用，讓孩子學習掌握增強自尊的方法，成功完成社會對他的期望，表現得符合他人的期**

許，順利獲得尊重、贊同、同情和欣賞，對於成年人來說，這些等同於孩子從父母那裡得到的愛。

教會孩子擁有融入社會的能力，即在群體中感覺自在，能夠找到自己的位置，既不誇口，也不咄咄逼人，這是為人父母最重要的教育任務之一。父母教育孩子的方式，已有諸多相關理論總結，比如「表示支持的條件性」中，支持就分成兩種，區別在於給予支持的目的是什麼：

一、無條件支持——不管孩子做什麼，他都將得到愛的支援。

二、有條件的支持——父母支持與否，取決於孩子的行為。

以上不同原則的支持，對孩子自尊的影響也是不同的。在前一種情況下，**孩子明白自己有一定的價值，因為父母無論如何都愛他，這為他的自尊打下了牢固的基礎。**但這種無條件的愛，並不一定保證他能讓父母之外的其他人也愛他，而且這種孩子有可能「被父母寵壞」。

在後一種情況下，**孩子知道是否能獲得支持，必須取決於他的行為**，雖然非常合理，但也少了一些安全感，這種教育法下成長的孩子往往很機靈，可說「訓練有素」。

顯然，這兩種滋養方式對自尊來說都是必要的，兩項優點整合起來，才有可能培養出「各方面充分發展」的孩子；相反地，最不幸的狀況是滋養來源雙重缺失，那將會導致自尊的嚴重損害，成為自我感覺「被拋棄」的孩子。

自尊與父母的支援

父親與母親支援配對	**對孩子無條件支持**（不管怎樣我都愛你）	**對孩子不表示無條件支持**（你對我來說無關緊要）
對孩子表示有條件支持（你按照我的意思做，我就喜歡你）	穩定型高自尊（充分發展的孩子）	不穩定型低自尊（訓練有素的孩子）
對孩子不表示有條件支持（你做什麼對我來說無關緊要）	不穩定型高自尊（被寵壞的孩子）	穩定型低自尊（被拋棄的孩子）

以下兩位家長的講述，清楚地證明了我們剛剛講到的幾個現象，一位父親訴說了他三十四歲的獨生女，為我們描繪了一個被溺愛的孩子的形象，讓我們來聽聽：「我給了她很多的愛，但她的人生一敗塗地——她經常與同事發生衝突，戀愛失敗……起初，我總是同意她的觀點，運氣不好、時機不對、都是別人的錯，諸如此類。但我漸漸意識到，問題的癥結在於她自己。我知道不該太嬌慣獨生女，但人總是不由自主。況且她又是個可愛、活潑、聰明的小孩，我們太喜歡她了，什麼事情都原諒她。我們沒有教好她，她習慣了不顧別人的意見，而現在這成了一切問題的根源所在。」

「另外，我想她可能很懷疑自己，她最終明白了，自己儘管有優點，也不可能是永遠正確的。那麼新的問題來了，因為她的看法總是很絕對，反省之後，她會推翻自己以前的判斷，反過來覺得自己一無是處。」

現在輪到另一個父親，他說到自己二十五歲的

愛與教育：自尊的兩種滋養來源

愛（無條件的支持）	教育（有條件的支持）
父母的行為不取決於孩子的行為	父母的行為取決於孩子的行為
孩子如果有不合適的行為，父母對他並不會表示質疑	孩子如果有不合適的行為，會遭到批評指正
直接滋養自尊，但不一定能教會孩子如何獲得別人的尊重	對自尊的滋養不多，但能教會孩子得到別人的尊重
會影響自尊的水準（當父母給的愛越多，孩子的自尊就越高）	會影響自尊的穩定程度（如果孩子既得到了父母的愛，又得到了教育，自尊就會比較穩定）

兒子威廉，威廉是五個兄妹裡的第三個孩子。他是個「訓練有素」的孩子：「我把他培養成了一個男子漢，他卻指責我傷透了他的心。這孩子從小就很難管，我強迫他去參加童子軍，在那裡他學到了很多今天用得上的東西。我教育他的方式跟教育其他幾個孩子一樣，很嚴厲但也很公正。其他幾個孩子從來沒指責過我，只有他跟我鬧翻了。他不願意再見我，只願意見他媽媽。現在的他忘恩負義不知感激，總有一天他會感謝我的。」

接下來是紀堯姆的母親，她說：「我丈夫從來都不理解這個孩子，這孩子總是深深地懷疑自己，他需要很多的支援和很多的愛，但他從父親那裡得到的只有教育。我丈夫辯解說，他教育幾個孩子都是一樣的方式，這是事實。他非常嚴格地教育兒子是為了他好，用意是好的，但結果不好。紀堯姆需要的是愛，而不是訓練。」

如何有效支持孩子？

在關注孩子的自尊之前，先關注一下你自己的自尊。因為如果你有這方面的問題，卻想改善孩子的自尊，會給孩子造成巨大的壓力，並且缺乏說服力。

請別忘了，**最好的教育方法就是言傳加上身教**——你自己遇到困難時如何管理和面對，孩子都會在旁觀察並學會。

想向孩子明確表示你的支持，恰當的做法有以下幾種：

一、不要拐彎抹角——注意不要僅僅使用「間接的方式」來表達，比如透過送禮物。

二、經常而非時時表達愛——經常向他們表達你的愛，但並不是要你時時刻刻都掛在嘴邊一直說。

三、教育而非威脅——不要混淆「情感」和「教育」這兩種方式，比如採取「情感要脅」的方式並不好，當孩子有不適當的行為，不要以「不愛他」來威脅他改正。

四、對事不對人——與其說「你讓我很難過」或者「你讓我失望」，在大部分情況下不如說「我對你的行為感到不滿」。

五、勿模糊焦點——不要以愛的名義否認孩子身上的問題，像是：「你有這個問題不要緊，因為我們愛你。」

瞭解一個人的自尊形成及發展過程，往往有助於理解這個人。然而，人傾向於壓抑和遺忘自己的苦痛，因此，要弄明白某個人一長串的發展歷程並非易事。

其實，一個人成年後的需求與童年時的需求相差無幾，同樣地，童年時的疑慮，也會一直延續到成年後，下一章我們將談到這一點。

Issue

孩子的自尊水準，經常是父母親自尊狀態的反射。

親子談心的魔法鑰匙

親情加溫這麼做	避免以下的冷漠傷害
跟孩子一對一地談心	總把孩子們當作一個整體（兄弟姐妹）來對話，或是以父母雙方的立場跟孩子説話
經常聽孩子談談他的世界	直到孩子遇到問題時才關心他
對他做的事情和他感興趣的東西表現出真實的興趣	隨意敷衍幾句，像是「啊，你做了個模型，不錯，繼續做吧。」
跟孩子一起做一些事情	讓孩子一個人沉浸在自己的世界裡
讓孩子感覺自己獨一無二	總是拿他跟別的孩子比，如兄弟姐妹、表親、朋友
給孩子樹立榜樣，接受批評，面對失敗不會崩潰	言行不一致，自己本身的行為與教育孩子時的説法相悖
教會孩子幽默地自嘲，並以身作則	當眾嘲諷孩子

第 6 章

自尊對成年人的影響

祝賀是彬彬有禮的嫉妒。
——安布羅斯・比爾斯（Ambrose Bierce）

Des adultes sous influence

施展魅力不無風險

不可承受的心理需求

儘管自尊的基礎建立在童年時代，但成年以後的自尊並非一成不變，而是不斷發展變化，繼續經歷各種波動。

什麼樣的事件會改變一個人的自尊水準？成年後的我們，又會追求什麼樣的目標來提升自己的自尊？

佛洛德說：「**在感情生活中，不被愛的時候自尊降低，被愛的時候自尊提升。**」從眉來眼去到穩定交往，從衝突到離異，情感生活的各方面都與自尊緊密聯繫，相輔相成。如果說情感方面的成功與失敗對於自尊的影響極大，反過來，自尊也可以預測一個人在愛情方面的行為和選擇——敢不敢表達自己對另一個人的傾慕？如何表達？會選擇什麼樣的伴侶？

所有吸引和誘惑別人的行為，都是為了提升自己的自尊。不過，有些人會強迫症式地亂買超出自己實際需求的東西；也有些人總是無節制地到處放電。不管遇到什麼人，對他們來說都是檢驗自己魅力的機會，哪怕相處時間不過短短幾分鐘，他們仍然非常想要確定自己被人尊重和喜愛。

一個病人告訴我們：「我是被收養的。很小的時候我就知道了，這給我一輩子烙下了深深的烙印。」

「我的養父母是非常熱情善良的人，他們給了我很多的愛，也從來沒有對我隱瞞真相，等我到了懂事的年紀就告訴了我。但他們年紀很大，我的養父疑神疑鬼，總是害怕患上絕症；養母則特別焦慮，怕他死去。」

「記得小時候我非常恐懼，特別害怕他們兩人死掉。我意識到，一旦他們去世，我在這世上便孤苦伶仃，沒有一個親人。我覺得我就是由此開始產生了不停吸引別人的需要，不論在哪裡，我總想讓對方喜歡我、接受我，能夠高高興興地多陪伴我一會兒，無論對方是商店店主、鄰居、客戶還是同事，當然，尤其當對方是漂亮女人的時候，但不僅限於女人——我想讓所有人都覺得我是個可親的人，當我不在他們身邊時，他們都會想念我。好處是我很受歡迎，我這種總想取悅於人的做法讓對方也感到受寵，很管用。」

「可是，我對批評和拒絕非常敏感，遇到冷淡或對我的『魅力』無動於衷的人，我會不知所措。我會立刻重新懷疑自己，然後發現自己過於依賴別人的好感。說到底，極力取悅別人並不能解決問題，只是為了掩飾我對自己的種種懷疑和恐懼。我並非獨立自主的人，而得完全依賴別人給予的微笑和讚許。」

竭力取悅別人是種病？

最早的精神分析令「歇斯底里」這一概念得到廣泛的傳播，在大眾的認知裡，歇斯底里與無責任的調情密切相關。在大部分人的印象裡，歇斯底里的女人愛撩撥挑逗別人，發出誘惑的信號，但實際上卻不願與之發生肉體關係，甚至不能付出感情。她所表現出來的引誘既非有意獻身，亦非交往承諾。

國際精神醫學界普遍將這類人歸為**「表演型人格障礙」**，其特點是身不由己地想要吸引別人注意自己，表現得美好動人、討人喜歡，然而卻極難投入到穩定滿足的情感關係中。似乎可以用「自尊水準因受打擊而降低」來解釋這種行為。

無論男女，表演型人格者從反覆引誘別人的過程中獲得的滿足，大大超過投入一段持久關係所獲得的滿足。

他們看到自己能吸引別人，就能得到膚淺的滿足感；相反地，要他冒著讓對方失望的風險，在交往當中展現真實的自己，反倒讓他極為惶恐。這種態度導致其自尊分裂，走入死胡同——在好的方面，他們覺得自己在性方面富有魅力、有本事；但與此同時，他們也覺得自己很無趣，沒有持久的吸引力，無法留住伴侶。

牧歌花園裡的戰場

尼古拉三十二歲，他說：「我不敢主動接近女生。一想到她們會對我說『不』，我就很恐懼。在我看來，她們的拒絕，等於確認我是一個不值得愛的人。我覺得，在潛意識

買下虛擬未婚夫，自尊即可提升？

馬克斯 40 歲，藍眼睛，英俊迷人，在科羅拉多州從事房地產開發，座駕是紅色敞篷寶馬。他會滑雪、打高爾夫和網球，喜歡旅行和聊天。這樣難得的完美男人上哪兒找？

請垂詢美國的完美男友（Boyfriend in a Box）公司，只需 10 美元，你就可以在八款魅力男友（如：醫生戴夫、救火隊員弗蘭克等）當中任選一位。你會收到大小不一的照片（適合貼在辦公桌上或放在錢包裡）、三條虛假的電話資訊（當你晚上帶朋友回家聚會時，可以在電話答錄機上收到留言）、一張明信片等。這一切都是為了讓人相信你擁有這樣一位男友。因為存在這樣的市場──解決「單身女人怎樣才能避免被人看不起？」這項服務推出 2 年後，12 萬女性顧客購買了虛擬未婚夫。而為男性客戶設計的女友 如：秘書、超模、護士等也即將上市。

裡我寧可不知道答案，被蒙在鼓裡。」

與他如出一轍，二十七歲的瓦萊麗說：「我只跟那些自己並不太喜歡的男生交往。我對自己的看法極其負面，以至於我覺得自己配不上比他們更好的人。」

那些因為感情問題來找我們治療的病人往往非常脆弱，讓人不禁覺得「愛情國地圖」更像是一個慘烈的戰場，而非牧歌式的花園。要吸引別人，就得冒上風險，因為我們拱手獻給別人拒絕自己的機會，但沒有一個人能在遭到拒絕的時候，內心還毫不在乎。

這種拒絕可能立即發生，我們試圖吸引的那個人，可能會以友好或不太友好的方式，向我們表明他對我們沒有興趣。這種拒絕令人痛苦、沮喪——我們會覺得自己由於表面原因，如：長相、社會地位、笨拙等而被人拒之門外，認為對方沒有「給我機會表現自己」，假如對方瞭解了「真實的我」是什麼樣子，他很可能會喜歡上自己。

拒絕也可能稍晚一點發生。在兩個人開始交往一段時間之後，對方才提出分手，這對自尊造成的打擊更為嚴重——對方「試用」過後決定不要我了。所以，相對於一開始即遭拒絕的情況，相處中暴露的問題更為深層。明明已經投入其中，展現了真實的自己，結果卻讓人失望。可以理解，自尊心脆弱的人會害怕冒這樣的風險。

魅力實驗室

為了確認能否憑「自尊水準」來預測人們追求異性過程中的行為，研究人員做過多次科學實驗。下面這個實驗，可以稱之為「失敗的男人不敢勾三搭四」。

一些男性大學生受邀參加所謂的「智商測試」，測試單位給其中「隨機選取」的半數人比較好的測試結果；另一半則得到較差的測試結果，目的是給他們的自尊一點提升或者打擊。

告知測試結果之後，測試官找藉口走開，然後讓這些男學生在學校自助餐廳遇到數位年輕女生。

這些年輕女生實際上也是研究人員特別請來幫忙的，她們的任務是記錄下各位男大學生對她們所採取的追求行為，例如：讚美恭維、幫她們買單、要電話號碼、提出約會的邀請等。結果顯示，那些在「智商測試」中得到好成績，自尊水準上升的男生會更加主動出擊，追求遇到的女生；而那些測試成績較差、自尊受到打擊的男生，幾乎都沒有出手。

根據這個實驗結論，有兩項重要的發現與意義：

一、「反覆信心打擊」作用很大

這對那些花心丈夫的妻子或許有參考價值，反覆告訴丈夫並向他證明他根本沒有什麼了不起，也不是那麼聰明，也許他就不會再多看其他的女人，或者說不會再多看其他漂亮女人了。

上面說的那個實驗，其實還沒完：實際上，那些專門吸引男大學生的年輕女生當中，有一半的人被精心打扮了一番（塗脂抹粉，穿著入時）；另一半則打扮隨意。研究人員發現，「智商測試」成績好的男生會對漂亮女生發起積極進攻；而當成績差的那些男生斗膽出手的時候，也只敢接近不太打扮的女生。

二、伴侶是依自我水準選出來的

人是依照他對自己水準的認識來選擇潛在伴侶的。伴侶的美貌程度，也許是男性的自尊水準標誌之一；或者，從另外一個角度來解釋，美貌伴侶的作用，也有助繼續維持他們較高水準的自尊！

這種實驗結果可以轉嫁到女性身上嗎？在現今社會，大部分人仍然認為在追求異性的過程中，應該由男性採取主動，而女性的權力是鼓勵和接受男性的追求。在這樣的前提下，與自尊相關的某些因素，是否會促使女性接受或拒絕男性的追求呢？下面這個實驗會將提

如何處置單身老朋友

你有兩個單身的老朋友，一男一女，你打算開個派對把他倆湊成一對。你該怎麼做來提高這次做媒的成功率呢？

◆有效做法：

首先，巧妙地提高男性朋友的自尊：「瞧，老兄，你今晚的表現太棒了！女孩子都覺得你很可愛，你簡直人氣破錶。」同時，不動聲色地降低女性朋友的自尊：「哎呦，妳今天不夠美呀！臉色很不好！跟我去洗手間，趕緊補個妝。」

接著，把他們倆介紹給彼此。

供解答。

研究人員對一些女生進行了與上一個實驗類似的實驗：他們隨機跟這些女生宣佈她們「智商測試」的結果，在女生得知測試結果的同時，一位安排好的男學生「偶然」闖進來，與她們開始聊天。這名男學生跟每個女生都聊得火熱，在離開之前，也向每一位都明確表示想再次見面的願望。

此後，這些女生被邀請進行另一項假測試，在測試當中，她們要對最近碰到的一些人進行評判，包括剛剛遇見的那個男生。結果顯示：智商測試成績較差的女生，對這個男生的評價遠遠高於其他人，儘管他只是一個素不相識的陌生人；而測試成績較好的女生，對那位男生的評價則較為客觀。這個實驗並不能明確肯定那些自尊心受到打擊的女孩，是否都會接受約會邀請或其他進一步要求，但至少其中一部分人可能會這麼做。

結論是，女人在受到輕視時，會變得更容易接受追求。理所當然，因為說到底，追求不就是讚許和仰慕的信號嗎？這一切對搖搖欲墜的自尊心極有好處。

Issue

拒絕是雙面刃，拒絕別人或被拒絕都可能受傷。

選擇對象的真心與假意

短目標與長價值

施展魅力吸引對方，這當然是沒錯的，但首先要弄清楚我們選擇約會對象的標準，是否與選擇未來伴侶的標準一樣。

在短暫的關係當中，選擇能提升我們自尊的人，看似比較合理；然而在長期的關係當中，情況不太一樣：當我們開始想到一輩子相伴相隨的生活，我們會更傾向選擇那些對於「我究竟是怎樣的人」認識更清楚的對象。

被崇拜？被理解？

你受邀去參加一個派對，在派對上你碰到五位很有魅力的人，太幸運了！你具有特殊的能力，能夠看穿他們的想法：

第一位，對你的看法跟你對自己的看法一模一樣。

第二位，對你的看法稍稍高於你對自己的看法。
第三位，把你看得比你心目中的自己好很多。
第四位，對你的看法比你自己的看法稍差一點。
第五位，把你看得比你自己認為的差很多。

在得知他們對你的看法之後，你覺得誰最吸引你？想和誰約會？你又想與哪一位建立長期穩定的關係呢？

有人對三百位受測試者進行了這個實驗——他們會在一個設計好的派對上遇到幾位安排好的對象，並獲知這些對象對他們的評判。這個實驗結果相當驚人：

一、即刻被吸引——甚至讓人心想「我想跟這個人來一段露水情緣」的狀況，往往指向給出正面評價的對象，換句話說，受測試者越是受到他人欣賞，越是感覺開心，也越願意與對方相處。

二、第二眼鍾情的感覺——「我覺得跟這個人能成為不錯的伴侶」主要指向評價比起自評稍微偏高一點的對象。

三、給予的評價過高——從長期的角度來看，這樣的人吸引力反而下降！

換句話說，選擇未來伴侶的標準，與選擇短期交往對象的標準並不一樣。尋求短暫關係時，多數人想提升自己的價值感；而尋求長期穩定的關係時，他們想找的則是一個對自

對方的評價如何影響我們情感選擇

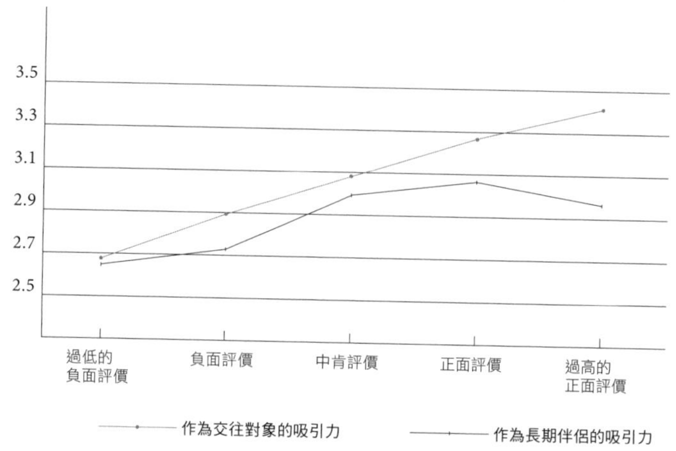

（來源：S. Epstein 和 B. Morling in M. H. Kernis.）

己的評價比較中肯但稍稍偏高的人。

從容的或倉促的選擇

試想，你如果參加這個實驗，會如何回答呢？

「務必選擇真正瞭解我們自己的那個人步入婚姻。」這個傾向在自尊低的人身上更為明顯。一個針對已婚夫婦所做的研究顯示，對自己持正面評價的人，其伴侶一般對他的看法也是正面的；而對自己持負面評價的人，其伴侶的看法往往也與他對自己的想法完全一致！自尊低的人認為婚姻不是為了自欺（不無道理），無疑，他們覺得：「愛是短暫的瘋狂，可以用婚姻來治癒。」

然而，這種行為還是看似有一點奇怪，我們不禁要問：「一個自尊低的人做出選擇的時候，完全清楚自己的理由嗎？還是只是無意識的選擇？」「這種選擇是理性而深思熟慮的，還是出自本能？」下面這個實驗能幫我們找到答案。

研究人員向自願受測試者介紹一些可選擇的戀愛對象，然後告訴受測試者幾位對象對他們的評價，這些評價當然是隨機的，有時是正面的、有時是負面的。這時，自尊水準各不相同的受測試者將會選擇哪一個戀愛對象呢？一切都取決於受測試者被允許做決定的時間長短。

如果研究人員讓受測試者有足夠的時間好好考慮自己的選擇，我們會得到與前一個實驗相同的結果：高自尊的人傾向於選擇對自己評價積極的人；而低自尊的人往往選擇與他們對自己的看法一致、持負面評價的人。

然而反過來地，當研究人員要求受測試者迅速依靠直覺進行選擇——比如給他們很短的時間，並讓他們同時記住一系列複雜的數字，以阻礙他們的集中注意力，低自尊組受測試者的實驗結果就變得不一樣了：在時間倉促的情況下，他們更樂意選擇對他們持正面評價的對象。

換言之，當他們聽從自己思考過後的理性邏輯，低自尊的人會選擇那些對他們抱持負面評價的對象，這樣就會與他們對自己的看法保持一致，不致使他們陷入可能令對方失望的局面。也就是說，既然對方對他的缺陷已經足夠瞭解，表示在選擇他的時候自然是心裡有數。

但是，如果他們聽從自己的快速直覺，往往會選擇那些對自己持有積極看法的人。這個選擇究竟是否正確，難以說清。當你的自尊較低，而你的伴侶對你的評價積極，可以為你帶來鼓勵，讓你感受到「其實我也不是那麼差」，漸漸提高你的自尊水準；不過，這也有可能讓你焦慮不安，認為「我一定做不到，我是個冒牌貨，不值得被愛」，最終令你的自尊水準產生波動，甚至進一步降低。

Issue

兩相欣賞的高自尊者，不一定能締結出愉快的婚姻。

伴侶關係中的心理調適

伴侶關係有益於誰？

我們之所以組成家庭，是為了讓自己生活更愉快，提升我們的自尊，至少本來應該是這麼打算的。

但現實中的家庭都是這樣嗎？對雙方來說都是如此嗎？有研究顯示，婚姻一般來說更有益於提升丈夫的自尊，而不是妻子的自尊。為什麼？因為伴侶關係建立在雙方的奉獻與妥協之上，一般而言，妻子是在伴侶關係中做出更多妥協的一方，很有可能在一些次要的方面做出妥協，比如承認丈夫的廚藝更好，讓他來為客人準備飯菜，而平時的一日三餐則由妻子負責；也可能是在更重要的方面做出妥協，比如妻子通常會放棄自己的事業，全心操持家庭。

一位病人曾告訴我們：「我有兩個孩子，我不工作。當年曾經找過工作，但那些有意思的工作似乎與家庭生活無法兼容。我丈夫收入頗高，總是叫我在家待著，我對自己現在的生活也挺滿意，夫妻關係融洽。儘管我丈夫工作時間太長，但我的孩子在我眼裡非常地優秀，我有朋友，生活得也很舒適，只是有時候會對自己產生一些疑問。在各類晚宴認識新的朋友時（因為丈夫的職業關係，這種情況經常發生），當別人問起我做什麼，我回答說自己是家庭主婦，他們馬上會說做家庭主婦很難、很了不起、妳做得對等等，但我一點也不相信他們說的這些話。」

「事實上，從我說出自己是全職太太那一刻起，那些跟我同樣年紀、有工作的人，就都把我歸入遊手好閒的中產階級主婦一類了。現在，我剛過四十歲生日，我必須承認這讓我非常苦惱。」

角色分配的玄機

夫妻之間的妥協，原則上是雙方共同的決定，以劃分每個人的「能力範圍」，並且彼此承認對方在各自的領域是專家和決策者。關係和諧的伴侶之間，這些能力範圍是公平分配的：一方被認為是在子女教育方面最有發言權的人；另一方則在理財、家務方面擁有決策權。

一名年輕女性告訴我們：「我跟丈夫之間儘管沒有明確地說，但我們多年來已就角色分配達成一致。」

「因為我比較擅長社交，所以由我來扮演外交部長的角色——給朋友、親人打電話，處理鄰里關係等等；我丈夫則負責家庭生活管理方面的問題，比如理財、與政府部門打交

爸爸的自尊

插畫家菲利浦·科朗坦（Philippe Corentin）在他的兒童繪本《爸爸沒時間》（*Papan'a pas le temps*）裡，用戲謔的方式調侃了夫婦之間看似公平的任務分配：

「大部分的夫婦是由一個爸爸和一個媽媽組成的，或者反過來。」

「通常爸爸更聰明，可是生孩子的是媽媽，爸爸沒時間。」

「大部分時候，家務事分攤是爸爸第一個睡，媽媽第一個起床，媽媽不需要刮鬍子，所以由媽媽來做早餐。」

「儘管爸爸做飯做得更好，但平時做飯的是媽媽。而且，媽媽更擅長洗碗，所以媽媽洗碗。」

「爸爸擅長讀報，所以讀報的人是他。爸爸不懂孩子，所以照看孩子的是媽媽。媽媽不懂足球，所以看足球賽的是爸爸。」

道，他當家中的財政部長。子女培養方面，我是教育部長；他有時候扮演並不那麼受愛戴的內政部長角色，對四個調皮的孩子進行紀律方面的管理。我們彼此承認對方的能力，而我們的親友也是這麼看的。」

夫妻之間的角色關係，並不僅僅關係到家庭內部，還會關係到彼此對外的形象。對外社交時，有些妻子讓能說善道的丈夫獨霸發言權；有些丈夫則接受妻子被周遭的人視為藝術家，而自己被視為沒有品味的人。

此處最重要的是「平衡」，**夫妻關係若要持久，不能由其中一方獨占所有輕鬆有利的分工範圍，每一方的自尊，都應該在伴侶生活中得到公平的「滋養」。**

驕傲或嫉妒？在相愛中針鋒較勁

夫妻關係融洽時，雙方都從對方的成功中獲得喜悅和價值感，雙方的自尊都得到了提升：一方是直接的提升，另一方則是間接的提升。

夫妻關係不融洽或者發生衝突的時候，雙方會施展渾身解數一比高下，比如當著客人們的面不停打斷對方，或者互相搗亂。被丈夫惹惱的妻子對客人說：「你們知道嗎？別看他裝得這麼機靈，其實……」

同樣地，在明顯極不平衡的夫妻關係中，更有能力、更被外人欣賞的一方，可能試圖壓制另一方，把他當作奴隸。儒勒．雷納爾在《日記》中寫道：「每一個趾高氣揚的丈夫背後，都有一個忍氣吞聲的妻子。」

孩子是父母自尊的備胎？

人人都知道，父母喜歡聽到別人讚美他們的孩子，這能提升他們的自尊。當我們問成年人以下問題：「人生成功最重要的標誌是什麼？」在回答中出現最多的是「有孩子」（四十五％），遠遠超過「事業成功」（二十五％）、「愛情美滿」（二十五％）和「賺很多錢」（四％）。也就是說，接近半數的現代人認為：有小孩帶給他人生完滿的感覺和自尊，感覺自己的人生更成功。

可是，孩子究竟以何種方式提升了父母的自尊？父母僅僅因創造出了與自己相似的小生命，就從而得到自戀式的滿足嗎？前文提到的問卷調查可以提供一些思路，當被問到

「今天的父母對孩子期望什麼？」得到最多的回答是「希望孩子超過父母，人生更成功」；其次則是「希望他們有家庭觀念」或者「希望他愛父母」；其中僅有四％的被調查者回答「希望孩子像自己！」因此，大部分人想要小孩，是為了要孩子在他們人生失敗之處獲得成功。

然而人算不如天算。一部分社會學家觀察發現，越是貧困的人家生得越多，他們曾經提出這一假設——生育能力能提高父母的自尊：「我們沒錢，但是我們有孩子。」如今我們知道這個理論並不成立。有孩子並不一定能提升自尊，反過來，自尊水準低對生育孩子的多少毫無影響。低自尊的人並不一定比其他人生育得更多！

此外，有孩子也可能會帶來負面影響，主要是對女性而言，在當代社會中，工作是負責維持較高自尊的重要組成部分，而孩子往往會阻礙女性實現自我發展。近期的一項調查顯示：擁有兩個或兩個以上孩子的母親，越來越難找到工作。

微妙的角力關係

童年並非像我們長期以來相信的那樣無憂無慮，同樣地，夫妻關係也並非充滿了無限的愛，而是一個雙方不斷角力的舞臺。有些夫妻之間存在一種暗地裡的競爭，雙方都想透過出色的表現來吸引對方。

在一部描寫婚姻破裂的小說中，女主角卡特琳娜試圖弄明白丈夫為什麼會出軌。作者弗朗索瓦茲·尚德納戈爾（Françoise Chandernagor）借卡特琳娜之口說：「為了博

生育率與工作機會

	1994 年	1997 年
有工作、年齡在 25 ～ 29 歲，之間 2 個孩子的母親	63.5%	52%

	1990 年	1997 年
有工作、年齡在 30 ～ 34 歲，之間 2 個孩子的母親	70.5%	59%

得這個出類拔萃又放蕩不羈的男人青睞，我從青春期開始便一直努力超越自己，難道在超越自己的同時，我已經超越了他？」

有一些夫妻關係中，一方或雙方總想壓制對方的自尊，免得對方超過自己，給自己造成威脅。下面是一對夫妻的故事，丈夫來找我們進行治療。

妻子是業界有名的理財經理，丈夫是位籍籍無名的畫家。在與親友的交談中，她總是說希望他有朝一日成名，她就可以不上班，在家做全職主婦、照顧孩子、「享受生活」。同時，她也不斷打擊丈夫，甚至常常公開說：「幸好有我的工資，不然，就靠這個可憐傢伙賺的那點……」她對女性朋友們透露，丈夫不夠有才華，成不了名家。而他們的親友都覺得，如果她丈夫出了名，她肯定受不了，因為兩人之間的力量關係會徹底改變，也許他還會離開她。

她丈夫其實很受歡迎，大家都喜歡他；而她就沒那麼討人喜歡，有一部分人難以忍受她言語上的咄咄逼人、居高臨下，而且動不動就對人評頭論足。

給夫婦的練習題

問問自己以下三類問題，與配偶共同討論則更佳：

◆我的伴侶關係給我的自尊帶來什麼樣的影響？

- 直接的影響：我的配偶在哪些方面讓我實現了我的部分目標？
- 間接的影響：我的配偶有哪些方面讓我引以為榮？

◆我的伴侶關係是否建立在平衡的基礎之上？

- 我是否幫助我的配偶實現了他／她的部分目標？
- 他／她是否以我為榮？
- 我和他／她 是否從中獲得了同等的益處？

◆我是否感覺在某些方面與配偶處於競爭關係？

- 我們是否相互嫉妒？
- 是否曾經開誠佈公地談過這個問題？

這位妻子是典型的不穩定型高自尊的人，父母很早離異，她父親很出色，但對母親不忠，所以母親不斷在孩子面前數落父親的種種過錯。而這位丈夫是個不穩定型低自尊的人，母親極為強勢，父親在其壓制之下毫無地位可言。

這一對夫妻之所以還能維繫，是因為妻子會照顧孩子、頭腦聰明，丈夫樂於承認妻子的這些能力（他仰慕她的聰明才幹和好強的個性）；丈夫擅長人際關係（妻子對此心懷嫉妒），並有藝術才能（妻子對此心悅誠服，不嫉妒）。

萬一這個平衡被打破，會發生什麼狀況？也就是說，如果丈夫真的成了名會怎樣？

或者，假如心理治療成功之後，妻子改變以前咄咄逼人的態度，變得更受人歡迎，情況又會怎樣？

為何爭吵？傷害對方以求自癒

你想過沒有，夫妻之間為什麼發生爭執？

答案很簡單——一旦有必要，雙方便透過爭吵，試圖將對方的自尊水準調整到更合適的對等關係。

爭吵是所有夫妻關係的一部分，有些爭執可被視為「正常」的：能讓雙方表達自己的期望和不滿，並推動關係的發展，爭吵之後沒有任何一方感覺被羞辱，雙方的自尊都沒有受到直接的打擊。

然而，有些衝突則標誌著婚姻關係出了問題：爭吵不斷，無法找到解決問題的辦法，尤其是互相猛烈攻擊對方的自尊。**配偶之間爭吵時若出現「手段低下」的攻訐，在婚姻諮詢治療當中會被視為不良跡象**，包括無法讓對方從中汲取教訓、不去努力嘗試改變或沉溺於肆意指責和辱罵，比如對配偶外表的批評：「妳以為妳就長得漂亮啊？」或者對其家人的指責：「你這麼做我一點都不覺得奇怪，看看你爸媽就知道……」甚或提及過去的失敗：「你這輩子就沒做成過一件事。」無可挽回的惡言，對於對方的自尊會造成極大打擊，對方將永遠不會忘記。

正常摩擦和婚姻亮紅燈的衝突

正常範圍內的爭執	婚姻亮紅燈時的爭執
目標：使對方改善行為	目標：降低對方的自尊
以第一人稱、直接地表達自己的情緒：「我很生氣。」	將不良情緒歸咎於配偶：「你讓我覺得噁心、不愉快。」
尋求解決方案：「 該怎麼辦？」	尋求責任者：「這是誰的錯？」
批評只針對行為：「你這麼做讓我覺得難處理。」	批評針對個人：「你真無能！」
矛盾有終結（不賭氣，不報復）	矛盾不斷累積、不斷重現（可是前兩天你跟我說……）
爭執讓雙方重新平衡彼此之間的力量關係（爭執過後雙方各有得失）	爭執使雙方之間的力量關係失衡，只鞏固一方的強勢地位，或顛倒原有的地位關係（爭執後總有一方處於上風）

這些惡意的言語，顯示說話者有意無意地想要壓制對方，打壓對方的自尊。

如果我愛上你，小心了！

嫉妒在絕大多數情況下是脆弱的表現。

對對方的懷疑，也反映了對自己的懷疑：「我沒辦法守住他，沒有他也無法繼續活下去，所以我要不停管著他。」

嫉妒很可能出現在自尊較低的人身上。

比如二十八歲、無業的艾米莉，她說：「我沒有得到過爸爸的愛。他從小就偏愛我姐姐，姐姐比我更像他，而我像媽媽，他卻總是跟媽媽吵個不停。」

「我一直都不喜歡我自己，從來不覺得自己長得多好看或者有修養。但是我很早就發現男孩子都喜歡我，跟一個男生剛認識就約會，對我來說很容易，但是交往沒多久就會分手。我知道我容易吃醋，可是我會故意勾搭另一個男生作為報復，或者很快離開一個看似不夠愛我的男生。」

「結婚以後，我在這方面更是變本加厲，嫉妒心大爆發。只要有一個女人看我丈夫一眼，我就會發瘋一樣吃醋。我已經好多次在公共場合對他發脾氣，大吵大鬧。一開始他還覺得挺好玩，向我發誓不再搭理其他女人，但現在他已經受不了我了，我把他弄得很痛苦，我自己也痛苦。我正在親手毀掉自己的婚姻，這看起來像是我不想讓自己得到幸福。我恨我自己這種樣子……」

艾米莉的嫉妒源於她對自己的懷疑，認為自己的魅力不足以留住丈夫。當她覺得自己的丈夫對另一個女人感興趣時，她立即懷疑自己根本沒有能力重新贏得丈夫的心。這對她來說，是愛情徹底失敗的證明。

有時候，高自尊的人也會有強烈的嫉妒心。比如四十五歲的弗蘭克，他是一個企業的老闆，他妻子說：「他受不了別的男人對我表現出哪怕只是一點點的殷勤，看我一眼、一個微笑或者讚美一句，他就開始發飆。他整天提心吊膽地管著我，起初他告訴我這是因為他太愛我了，可是我現在認為這恰恰是因為他不夠愛我。他把我當作他的財產，當作寵物。我的生活裡只能有他一個人。」

弗蘭克的嫉妒，來自於他想要控制自己周遭一切的欲望。這種心理可能有助於他在生意場上的成功，但在婚姻當中反而幫了倒忙。

他的妻子指出，令他產生嫉妒的男人，是那些他認為具有他自己所沒有之優點的男人，比如說那些更年輕或者學歷更高的男人。弗蘭克白手起家，很聰明，但對於自己沒有高學歷一直耿耿於懷。

失戀的痛苦為何歹戲拖棚

失戀對人的自尊影響深遠，失戀的痛苦是一種近似於憂鬱的體驗：

一、**失戀者看低自己**——感覺我真沒用。

二、**對未來絕望**——我的生活裡再也不會有什麼快樂。

三、**欲望匱乏**——我對一切都失去了欲望，就連對自己平時覺得有意思的事情也都失去了興趣。

我們知道，患相思病的失戀者儘管並沒有真的憂鬱症，但他們的自尊水準一般都會比較低。

一位法學院的男學生說：「我記得有一天晚上，我跟一個很漂亮的女孩搭上了話。第二天她卻打電話告訴我不想再跟我見面，那簡直是晴天霹靂。我原本非常開心能和那個女孩相識，但好像突然出了什麼問題，一夜之間本來屬於我的獎盃或證書被人拿走了，還告訴我：『不，這不是你的，你不配。』我沒辦法對那個女孩生氣，但我覺得自己受到了羞辱，非常可悲，深深的羞恥！」

「接下來的幾天，我不斷問自己，心想我這個人沒什麼吸引人的地方，我一一回顧過去的種種問題、自己的缺點、人生中的敗筆，以及自己做錯什麼令對方不喜歡……那段時間極其痛苦，我體會到了憂鬱症患者的感受。不過現在回過頭來看，那段經歷對我來說很有幫助。」

不同自尊水準的人面對分手會如何反應呢？

弗朗索瓦茲給我們作了解答，在《結髮妻子》（*La première Épouse*）一書中，她描述了女主角在婚變之後經歷苦痛、重新開始新生活的心路歷程。女主角採取了多種策略來保護自己的自尊：

一、我不是被丈夫欺騙，而是我自己看錯了人——女主角寧可承認是自己選擇錯誤，而不是她沒能力讓丈夫足夠愛自己，或者不是她沒能力把感情維繫得更長久。如果認為這段婚姻從一開始就註定失敗，那麼，她對自己魅力的懷疑就會少一點。

二、我想像自己在家裡，以基督徒的善意接待我的情敵——「想像自己以寬大的善意與情敵和解，而不用蔑視來壓倒那個女人，我用寬大胸懷來壓倒她。總之就是要壓倒她。」女主角這一步算計很聰明，採取寬宏大量的態度，而不是用報復逞一時之快，從長期的角度來看，她保護了自己的自尊。

三、告訴自己對丈夫的愛並未那麼濃烈——「儘管我曾經那麼愛我的丈夫，但我對他的愛並沒有長過我對這片土地的愛。我理解他為什麼覺得自己受到了欺騙，從一開始，每時每刻，我都欺騙著他，我愛的是那些河流的回憶和榛子樹的樹蔭。」被拋棄的女主角忍不住試圖改寫自己的過去，給自己編造一個主動的角色（現實生活中她其實是被動承受的角色），找到其他解釋失敗的理由。

Issue

「自我合理化」與「改寫故事」的能力，是平衡自尊的一種重要技術。

大天才的小心眼

偉大的物理學家、諾貝爾獎得主阿爾伯特·愛因斯坦，在生前給自己精心打造了一個傳奇式的公眾形象，以至於讓人忘了他在私生活方面的種種不是。近來有人披露了他的私人通信，我們可以從中看到，這位偉大的科學家明顯自尊較高，對自己的妻子卻不夠尊重，比如他會在信中這樣對妻子頤指氣使：

◆ 妳必須保證這些事：

1. 我的衣物和床單整潔乾淨；2. 每日三餐送到我的書房；3. 我的臥室和書房都必須保持整潔，我的工作臺不能讓除了我之外的任何人觸碰。

◆ 妳必須放棄與我的任何私人關係：（必須維護對外形象時除外）

1. 不可對外聲稱我在家與妳共處；2. 不可談論我與妳一同外出或旅行。

◆ 妳要確實遵守以下幾點：

1. 不期待我向妳表達任何愛意，也不因此指責我；2. 我對妳說話時必須立即回答；3. 當我要求的時候妳必須即刻離開我房間和書房，不得與我爭辯；4. 妳保證不會在孩子面前否定我，無論是以語言還是行動。

當時愛因斯坦正與一位女性保持通姦關係，但他不想離婚，因為在 1914 年那個時代，離婚是醜聞。數日後，他的妻子帶著兩個兒子離開了他。

打擊配偶自信的話語

踩地雷策略	模擬範例
拿配偶與他不喜歡的人相比，貶低配偶	「妳不喜歡妳婆婆，可是她至少會努力招待客人……」
批評配偶的親人	「你可真小氣，讓我想起你爸……」
批評他的外表	「嗯，妳從去年夏天開始長胖了吧……」「我以前沒發現你從背後看起來這麼瘦弱 ……」
提起舊愛並表現出後悔	「瞧這張照片，我記得的。他是某個義大利部長的兒子，他當時愛我愛得不得了，想跟我結婚，還給我寫了很長時間的信，後來……真想知道他現在怎麼樣了。正好我要去羅馬出差……」
津津有味地描述伴侶不在的時候，和有意思的朋友一起度過的美好夜晚	「 昨天太棒了！跟好玩的人一起度過愉快的時光真開心。好久沒這麼開心了。可惜你不在，你要是去了應該也會很愉快……」
抱怨，令對方有負罪感	「想想我為你付出了多少……」
誇讚潛在的情敵	「妳看見昨天晚上那個漂亮女孩了嗎？杜邦家的鄰居？對，就是跟我跳舞的那個……她可聰明了，才不像那些嫉妒她的女人說的那樣笨……」 「那個男孩很有魅力。哪個女孩追上他可真是走大運了……」

毒舌大戰，究竟想咬誰

夫妻間的衝突，給無數小說家和電影人帶來了源源不斷的靈感。丹尼．德維托（Danny De Vito）執導的電影《玫瑰戰爭》（*La Guerre des Rose*）描述了凱薩琳．特納（Kathloen Turner）和邁克爾．道格拉斯（Michael Douglas）之間無休止的爭吵。而史上最壯觀的夫妻世紀大戰應該還是作家愛德華．阿爾貝（Edward Albee ）在《誰害怕弗吉尼亞．伍爾芙？》（*Qui a peur de Virginia Woolf*）裡寫的：

瑪莎：「喬治！（他抬起頭）看見你我就想大吵一架！」
喬治：「你說什麼？」
瑪莎：「看見你我就想大吵一架！」
喬治：「你知道，你這麼對我說話可不太客氣啊，瑪莎。」
瑪莎：「不太什麼？」
喬治：「不太客氣。」
瑪莎：「我喜歡看你發火，你發火的時候我還比較喜歡一點，可是你還是個沒用的懦夫，喬治，你沒有一點……」
喬治（打斷她）：「肚子裡沒貨？ 是這意思嗎？」
瑪莎：「牆頭草……」

一輩子的朋友

如何交朋友？

沒有朋友，你能活下去嗎？能，但不快樂。友誼對自尊有著重要的作用，能滋養和維護我們的自尊。

為了研究一個人自我介紹的方式，是否會影響別人對他的評判，社會學研究人員將受測試者分為三組：

第一組，誇耀自己——我是一個很不錯的人，優點多多。

第二組，貶低自己——我這個人沒什麼本事，有很多缺陷。

第三組，不偏不倚——我既有優點也有缺點。

結果，誇讚自己似乎比貶低自己的人更可愛；但最受歡迎的是適度肯定自己，並承認自己有一些缺點的人。過度誇耀自己有時候顯得言過其實；過度貶低自己則似乎說明不夠瞭解自己。

美國人卡內基（Dale Carnegie）在他歷久不衰的暢銷書裡，提出了如何交友的建議——「六種贏得別人同情的方式」（Sixmoyens de gagner la sympathie des gens），實際上就是**提升對方自尊的方式，包括傾聽別人說話，談論他們喜歡的東西，讓他們感覺自己很重要**等等。儘管這些建議寫於二十世紀三〇年代，但至今仍然適用。

心心相印，怎麼回事？

蒙田（Montaigne）在隨筆集中讚美友誼的詞句家喻戶曉：「一次偶然的機會，在某次市政重大的節日上，我們邂逅相遇，一見如故、相見恨晚，從此，再也沒有比我們更接近的人了。」

當我們越覺得與一個人接近，越是與他相像，越容易與之成為朋友，而這種友情也越容易長久。

當我們懷疑自己的時候，上述現象更加明顯，此時與我們觀點相同的人，可能更加容易和我們成為朋友。

大部分人傾向於「選擇與自己差別不太大的人」做朋友，至少在自尊的幾個重要組成方面相差不大——外貌、社會地位等等。

如果兩人初始差別較大（比如社會階層不同），其他共同點就必須非常一致，而且不能太少，才能結下友誼。

友情與雜處

十三位志願者必須在一個封閉的環境裡共同度過十天，食物供應有限，為的是使他們處於糟糕的情緒狀態之中。在此之前，研究人員給每個人一份調查問卷，問卷內容涉及很多主題。在實驗當中和實驗結束之後，受測試者被要求填寫調查表，調查他們對同組受測試者的同情或反感程度。結果發現，調查問卷答案越接近，受測試者彼此越欣賞。

啟示：如果你必須面對艱難的困境（海上航行或者穿越沙漠），最好提前弄清楚同行的人「對人生的看法」是否與你的一致！

這些現像這在青少年身上表現得更加明顯。青少年喜歡與親近的人成群結隊，為了避免不良的社會攀比，他們會自願選擇與自己能力接近的人做朋友。

社會邊緣群體當中也有這種現象：低自尊的人聚集在一起，相處愉快，提升彼此的自尊，他們同時都感到被社會拋棄。

所以，貧民窟的人自尊水準不見得低於其他社群的人，因為他們並不去與貧民窟之外的人進行比較，而是只與同一群體中的其他人互相比較。

患難見真情

人什麼時候會聯繫朋友？出於什麼目的？**高自尊的人往往會在獲得成功之後聯繫朋友，以尋求鼓勵**，那似乎在說：「瞧，我這次又表現得這麼出色！」很明顯，長此以往會惹惱一些人。

低自尊的人反過來，會在經歷失敗之後主動聯繫朋友，朋友是傾聽他們抱怨的垃圾桶。越是這麼做，越容易給人留下失敗者或受害者的形象。從朋友那裡獲得的安慰則會越來越蒼白無力，因為他的朋友們最終會厭倦扮演那個「心理治療師」的角色，如果一直這麼做，你會更快失去朋友。

Issue

與自尊水準相近的人聚在一起，有相互取暖、互相療癒的作用。

辦公室中發現的自己

工作是一種藥，療傷止痛、提升自尊

很多低自尊的人，是在工作中展露出自己的才華的。儘管現在某些方面還存在著爭議，但在工作中充分施展自己的潛能對於很多人來說，確實能帶來個人工作效率高的感覺，讓他們能夠正面地認識自己（這一點常常被人忘記）。

約瑟夫．康拉德（Joseph Conrad）說：「我喜歡在工作中發現自己，看到自己所想的現實，成為自己眼中的自己，而不是表面的樣子。」要做到這一點，途徑有很多，比如：

一、**透過社會地位**——失業將失去社會地位，必須謹慎維持工作。

二、**加入某個團體**——在這個團體中大家彼此欣賞和認可。

三、**達成目標**——覺得自己辦事有效率。

四、**獲得經濟收入**——有能力購買支撐自尊的「義肢」等。

危險關係：工作狂的脫逃路線

事業與自尊之間的關係，有可能極為複雜，甚至危險。

五十八歲的雅克是企業老闆，一輩子都埋首於工作。他結婚很早，最終卻結束了與妻子十五年的婚姻。

妻子最初協助他創立了自己的小公司，熬過一個又一個不眠之夜。然而每個週末加班，讓度假計劃一再拖延，她再也無法忍受，於是要求雅克放慢發展速度，並將權力下放。雅克不明白妻子的用心，反而認為她辜負了自己的信任，無理取鬧。

當兩人的矛盾越來越尖銳，他覺得自己只有在工作中才是快樂的。可惜確實如此，因此他回家越來越晚，有時候甚至在辦公室過夜。他喜歡一大早在公司的氛圍——和最早上班的工人一起喝咖啡，年輕的下屬發現他比自己還早到公司時都十分驚訝，這讓他很得意。現在，再也沒有任何家庭的牽絆可以阻撓雅克全身心投入到他最大的驕傲之中——他的公司。

瑪麗．弗朗斯是總經理助理，四十四歲，單身。她的老闆要求很高，但對她百分之百信任。她從不拒絕加班，用她的話來說：「我從來沒有讓公司裡的任何人失望過。」並強調這是她的驕傲。

沒人知道她在工作之外還有什麼興趣愛好。最近，她因為生病不得不住院，同事們都來看望和慰問她，但這一次，她突然意識到自己孑然一身、無依無靠，因此陷入憂鬱，出乎所有人的意料。於是她來找我們諮詢，哭著承認：「工作的時候我很開心，但其他的時候卻很痛苦。」

當一個人「事業上的自尊」在他的「整體自尊」中占據的地位過重，以至於成為自尊的首要來源時，他很可能變得完全依賴於工作，僅僅活在工作中。

工作出色的代價

在公司裡，長期以來大家都認為「事業上的自尊」和「工作的質與量」相關。這種說法混淆了價值與表現，讓人誤認為「我是個不錯的人，因為我工作表現出色」，這觀念曾在二十世紀八〇年代至九〇年代很盛行，幸而現在已受到各種批判。這樣的觀點實際上促使職場人士產生一種極不穩定的自尊，他們承受不起失敗、執迷於競爭，一旦遭到解雇就會全面崩潰。

辱虐管理和精神騷擾

工作在一個人的社會地位中越來越重要，而工作機會相對來說越來越稀缺，加上現今的雇員不再像過去那樣逆來順受、不敢吭聲（這是對的改變），因此，近來人們越來越關注被英美人稱為「mobbing」（圍攻，法國人稱為「精神騷擾」）的現象。

職場上可能發生各種攻擊和騷擾，其主要後果是對受害者的自尊造成重大而持久的打擊。這些攻擊目的不一，最常見的是為了逼其就範或辭職，採取間接迂迴的方式，對受害

如何破壞下屬的自尊

管理者的態度	對雇員的自尊產生的影響
反覆無常（情緒、對任務完成好壞的評判標準）	持續處於不安定的狀態，無法培養較好的自尊
批評永遠對人不對事	令員工開始自認為能力不足，並把失敗看作是自己的錯誤
出錯時立刻大發脾氣	使員工認為失敗不可挽回
成功時功勞都歸自己	使員工懷疑自己的努力是白費工夫
偶爾態度好（和氣、鼓勵、讚美員工）	引起疑慮（難道我對他的負面評價是錯的？）
將管理與情感混為一談：「你們的工作結果讓我非常失望。」	令員工產生內疚感（都是我的錯）
給下屬壓力，卻不給他們按要求完成任務的必要資源	使員工產生焦慮（我達不到要求）
總是讓員工感覺生存岌岌可危（公司、部門或職位可能不保）	使員工產生不安全感（我只能任由局勢擺佈）
不時給辦事得力的人，安排一些註定失敗的任務	將他們的自尊壓制在可控範圍內，澆滅他們升職的希望

者的自尊進行毀滅性的打擊。整體來說，就是針對受害者，攻擊其工作之外的一切舉動，令其對自己產生深深的懷疑。

最明顯的精神騷擾方式，就是「冷凍」某個雇員，把他孤立起來，不給他真正有價值的工作，也不給他任何資訊，甚至不通知他參加會議等等。這種方式並不需要對受害者採取正面攻擊，卻已使當事人體驗到一種憂鬱感。漸漸地，受害者會開始懷疑自己，產生負罪感，並貶低自己。

史考特．亞當斯（Scot Adams）在他的著名漫畫《呆伯特》（*Dilbert*）中描繪了這種「辱虐管理」最粗暴也最滑稽的一幕，呆伯特跟同事聊天：

「再次祝賀你，呆伯特。我知道你贏得了臨時工的職位。」

「我的辦公室在哪兒？」

「在大廳裡的那只鞋盒子裡。任何一位員工都不會看你一眼或者跟你打招呼。論級別，你大概處於清潔人員和冰箱背後的油污之間。」

然而，**培養下屬的自尊，應該是任何團隊領袖的目標。自尊提升了，下屬的幸福感和表現也會明顯提高。**

某工廠生產車間管理人員告訴我們：「我最關心的就是讓跟我一起工作的人自我感覺良好，也就是說，對工作條件滿意，覺得自己有能力勝任工作。我特別怕讓他們經歷失敗，或者看到他們被人貶低，即使是被客戶，即使是在所謂正當理由的情況下。我們沒有

如何培養下屬的自尊

- ◆ 促進團隊精神，主要是透過非正式的聚會、遇到困難時無條件地互助等。
- ◆ 鼓勵員工參加培訓和專業技能學習，提高個人能力。
- ◆ 定期對員工的表現給予肯定的評價，作為回饋資訊。
- ◆ 對錯誤有一定的容忍度，偶爾失敗是正常的，重點在我們從這次失敗中能汲取什麼教訓？
- ◆ 鼓勵主動性——重要的不只是結果！
- ◆ 批評時對事不對人。
- ◆ 以身作則，給員工樹立榜樣。

理由貶低任何人，我這麼認為，大概因為我自己曾經就是個落後者！我看重每一名下屬，原諒他的所有錯誤，讓他們從中吸取教訓，一出現問題，我就會問他們從中學到了什麼。我敦促他們盡量培養自己的各種能力，能做大事的人，小事自然不在話下。」

「有的員工能力提升特別快，結果離開我這個部門，去另一個部門工作，甚至跳槽到了別家公司，這很正常。他要是不跳槽我反而會擔心，我不希望他們僅僅因為沒有能力跳槽而留在我的團隊裡。我希望，如果他留下來，是真心選擇留在這兒。再說，從長遠來看，員工離職也是件好事。所有從我們這邊出去的人，在外面都對我們讚不絕口；新進員工對我們這個團隊很嚮往，要求來我們這裡工作。」

「我不理解有些同事為什麼對效率和權

力過於執迷，總是逼著下屬苦幹，嚇唬他們。我們可不是來這兒發洩自己的神經病！」

失業，只失去工作嗎？

失業意味著失去很多東西，像是地位、收入、社會關係，所以會對失業者的心理平衡造成不小打擊。很多失業的病人深感痛苦，感覺失去了個人價值。

有的人不敢告訴親友自己失業的事實；有的人避免在上班時間出門，免得被別人看作無所事事的人。「我曾經失業一年半。那是我這輩子最難熬的一段時間。首先，作為失業者我有內疚感，好像失業的責任在我身上。我很看不起自己，我覺得我落到那步田地，證明我不如別人聰明能幹，他們就有辦法做到保住自己的工作。其次，我覺得羞愧，我面對任何人都不自在，擔心他們怎麼看我，包括鄰居、朋友和商販，也懷疑我的妻子和孩子對我的真實看法。」

社會學家皮埃爾．布林迪厄（Pierre Bourdieu）寫道：「因為失業使未來變得不確定，迫使人不得不對可用的資源進行梳理，使一些人一直隱藏或掩飾的缺失浮出水面。」因此，失業等於揭開失業者的傷疤。各種與失業相關的研究結果，都與考試失敗的研究結果相似——失業前的自尊水準，可以預測失業後的心態調整是否良好，有些人自尊水準維持不變，有些人則一落千丈。因此，失敗對自尊造成的影響因人而異。

其他一些因素也會帶來影響，比如這種痛苦的失業經歷持續的時間長短和發生的頻率高低。一九九四年一項針對一百一十九名失業女性的研究顯示：失業時間不超過六個月的女性自尊水準最低，失去工作對人的自尊造成的傷害，在這個時間內達到了頂峰。相反地，失業時間為六～十二個月的女性自尊水準最高，也許是因為本人和她身邊的朋友在積極奔走，解決困境。而失業時間超過十二個月的女性，自尊水準再次下降，但仍高於失業之初的最低水準，說明失業者對失業這一狀態有了較平穩的心態：接受轉職培訓，求職的同時投身其他社會活動，獲得其他自尊滋養的來源。這項研究還指出，如果反覆失業，對人的自尊水準會產生重大影響。

可歎的是，自尊受到的傷害只會使問題進一步惡化。人越是瞧不起自己，越無法全力投入尋找新的工作機會，在面試中也表現得越不好。長期失業者被邊緣化，並不僅僅是由於他們的能力與就業市場的需求不匹配，還因為他們越來越不適應——不只不適應工作，也不適應找工作的過程。就業中心輔導人員的作用，就是在幫助失業者保護和重建自尊。

失業者自視甚低的感覺，並不會在他重新找到工作的那一天立刻煙消雲散。作為治療師，我們見過一些病人，因為失業，心理上留下了很深的「傷疤」。別人看不到，但這種傷痕在他們的意識裡變成了一種執念：千萬不能再次經歷同樣的境況。

三十四歲的埃裡克經歷過兩次失業，每次失業長達一年。他說：「我感覺自己有點像那些老兵，帶著過去經歷留下的創傷，但我的痛苦無法與別人言說。我目前在通訊領域工作，大部分同事都沒有經歷過失業，都是剛從有名的工程師學校畢業的年輕人，他們很有安全感。而我出身於金融界，過去幾年銀行紛紛大批裁員，我覺得自己沒有他們強，更容易被解雇，不僅僅是學歷問題，還有我腦子裡的恐懼——我害怕冒風險、怕犯錯、怕不招人喜歡。而且我也害怕被別人看穿，讓別人覺得我很脆弱。公司宣揚的精神是『活力四射的年輕幹部向前衝』，可是我覺得自己不可能再回到那種狀態。雖然公司上下級之間並非等級分明，但當我的上司要我對他直呼其名的時候，我就會想起兩年前解雇我、令我崩潰的那些人，他們當時跟我關係也挺好，直到有一天他們打定主意不再需要我。」

正如戰爭給我們的父輩留下了永久的烙印，失業留下的印記，很可能也塑造我們這一代的集體無意識。很多「嬰兒潮」時出生的人，曾聽他們焦慮的父母對他們說：「閉嘴，把湯喝掉，等哪天打仗了，你就會後悔今天沒喝這碗湯。」他們這一代則可能對自己的孩子說：「閉嘴，好好幹活，等哪天失業了……」

Issue

過度地投入工作，會給人的心理平衡帶來很大的危險。

掌控權勢？一大誤會

權勢人物

一八三七年，年輕的路易・拿破崙・波拿巴（Louis Napoléon Bonaparte），也就是日後的拿破崙三世曾說：「我信上帝和我自己。」然而他的政治才幹並沒有獲得同時代的人一致的肯定。

比如法國政治家、歷史學家梯也爾一八四八年就曾對他做出如下評論：「這隻火雞還以為自己是老鷹。」可是這隻「火雞」偏偏推翻了共和國，並在一八五二年登基成為最後一位法國國王。拿破崙三世的自尊水準很高，跟其他所有掌權的大人物一樣。

征服權力的四大關鍵

大權在握的人有四個特點，這四個特點都與自尊相關：

一、他們相信自己的命運——他們認為自己有掌權的命。一個人如果並不篤定地相信自己被天降大任，不可能成為掌握大權的人物。

二、他們高瞻遠矚——自尊低的人往往滿足於在有限的小範圍內成功；而自尊高的人，每達成一個目標就會馬上展望下一個目標。

三、他們永遠會付諸行動——我們每個人都會想像自己能取得某種成功，但真正付諸行動實現成功計劃的，皆屬於那些擁有高自尊的人。

四、他們接受失敗——大多數的政治家能夠在失敗之後東山再起，若沒有這種與自尊密切相關的本事，就不可能再次取得勝利。弗朗索瓦・密特朗（François Miuerrand）在一九六五年和一九七四年兩次競選中失敗，雅克・希拉克（Jacques Chirac）也曾在一九八一年和一九八八年兩次落敗。他們就是極好的例子。

被仰望何等滋養

保羅・瓦勒里寫道：「領袖需要公眾。」**想掌控權力，其實往往是希望被喜愛。**除了幾個特例之外，大多數政治家尋求的是權力和受人愛戴。因為**被人喜愛、欣賞和尊重，是對自尊的最佳滋養**，即使對身處社會階層最頂端的領袖來說，也是如此。暴君比其他人更愛看到廣大百姓夾道歡呼，為他大唱讚歌，可惜，即使在民主社會中，掌握大權者最終也極少能獲得愛的回報。相反地，他們必須面對來自反對黨、媒體、選民和同黨派中競爭對手的各種攻擊。

自尊，政治砝碼？

我們以為自尊只跟心理學家有關，然而美國加利福尼亞等州的政客們也紛紛談論起了自尊。加利福尼亞州教育部的工作小組在一份相關報告中指出：「個人和集體缺乏自尊，是使得我們國家和民族目前染上種種頑疾的根源之一。」加利福尼亞州的一位議員，擔憂自尊問題對國家經濟和國民心理層面都會造成影響，於是做出了極端的表態：「有自尊的人創造收入並依法納稅，沒有自尊的人則吃補助。」

放棄權力的自信

在成為帝國之前，古羅馬只是一個小小的共和國，常常受到鄰國的威脅。戰爭時期，為形勢所逼，羅馬人會推選一人為獨裁官，賦予他全部權力。重歸和平時，獨裁官必須放棄自己的權力，將權力歸還給共和國。

不難想像，大權在握的誘惑有多大，凱撒被任命為獨裁官，為期一年，結果他把任期拉長到了十年，建立了羅馬帝國。然而，古羅馬還出現過另一位重要人物辛辛納圖斯，他原本是個農夫，在同胞的請求之下領兵迎戰從東邊進犯羅馬的義大利埃魁人，戰勝之後，他毫不戀棧，辭官歸田。

二〇〇〇年後，又出現了一個放棄權力的名人為奧地利皇帝，即為西班牙國王查理五世（Charles Quint），五十七歲時，他決定退位，歸隱西班牙尤斯特（Yuste）修道院，從此一心禱告，別無旁騖。無疑，權力是滋長自尊、使其膨脹的毒品，甚至使政客們以為自己「不可被取代」。這就是為什麼能有連續兩屆法國總統發展出一種奇怪的套路：競選時總是提到五年計劃，一旦當選就再也不提，然後再參加第二次競選。

自視甚高，對權力緊抓不放，這在諸多名人臨死前留下的「警句」中屢見不鮮。尼祿皇帝被羅馬元老院廢黜後，揮刀自刎時說道：「藝術家如我，世間不再有。」自負的丹東，在斷頭臺上對奉命處決他的劊子手說：「別忘了舉起我的頭讓民眾好好瞻仰，這樣的頭顱不是他們每天都能有幸見到的。」

為什麼越追求越懷疑？

保羅．瓦勒里在哲學散文《與泰斯特先生夜敘》（*La Soirée avec Monsieur Teste*）中，用敘述者的口吻說道：「我深思過，最強大的頭腦、最聰穎的發明家、掌握思維精髓的人可能根本不為人所知，他們吝嗇小氣，到死都守口如瓶。他們的存在恰恰是由那些不如他們踏實，卻極為活躍的人展現在我眼前的。」

很多作家都表達過如下觀點：人之所以追逐成功、權力和世人的認可，是因為他懷疑自己。**真正自信的人不會尋求權力和榮耀，而是選擇幸福。**西元前四世紀時的希臘作家色諾芬（Xénophon）也是這麼認為，他借筆下的英雄居魯士（Cyrus）之口說：「沒錯，因為我已經成就了大事，沒辦法再好好對待自己，或跟朋友一起愉快地聊天消遣，這種幸福我已自願放棄。」自尊對我們生活的各方面都有影響，有好有壞。**自尊不能解釋一切現象，但可以廓清人的很多行為動機，以及某些行為偏差。**且聽下一章分解。

第 7 章

自尊和
自我形象

啊，看到鏡子裡的自己如此美麗，我不禁狂喜……

——《浮士德》〈珠寶之歌〉（*Air des bijoux*）
夏爾・古諾（Charles Gounod）

Estime de soi ou image de soi

為什麼女孩會自信不足？

「低估自己」，魔戒何來？

一位二十九歲的女病人說：「有時候早上起來，我甚至無法注視鏡子裡自己的臉，穿哪件衣服都不合適，覺得自己太難看，打從心底裡感覺糟糕透頂。這種日子事事不順心，哪怕白馬王子匍匐在我腳下，我也覺得自己又醜又蠢，會惡狠狠地把他氣走。」

外表、長相對自尊心的影響極大，可以讓人對自己信心十足；也能讓人信心不足，為什麼？男人和女人一樣看重自己的外表嗎？

弗洛爾和表弟路易一起坐在電腦前，弗洛爾的爸爸用電腦給他倆展示一種新遊戲，爸爸問：「誰想玩？」弗洛爾眼睛發亮，但她不作聲，用手肘推了推她的表弟。路易毫不猶豫地自告奮勇，結果第一盤就一敗塗地。輪到弗洛爾時，她卻不願意、扭扭捏捏的。後來她向爸爸承認：「我怕玩不好，我想你先玩一遍給我看。」其實她比表弟年紀大，肯定不會比表弟表現得差，甚至還會玩得更好。

弗洛爾對自己沒有信心，而路易太過自信，這兩種行為都很「正常」。研究顯示：**從兒童時期開始，男孩的平均自信水準就高於女孩，這種情況非常普遍，男孩往往比女孩更高估自己的能力。**

這也許可以解釋為什麼男孩往往敢於進行體能上難度大的運動（容易摔胳膊斷腿的運動），以及嘗試人際關係上風險度較高的事情（對抗和競爭）；女孩則注重交際、尊重和社會規則的推廣。

然而，我們目前尚不清楚女孩容易懷疑自己，是因為她們比男孩天性更傾向於「從眾」？還是因為她們的自尊水準低於男孩，所以不得不遵守規則？女孩既不比男孩笨，也不比男孩醜。

刻板印象的碎片

不過，社會環境很可能在其中產生一定的作用。父母確實會更鼓勵兒子維護自己的權利，肯定自己的個性，對女兒則不這麼鼓勵——女孩可以比較靦腆，男孩則不行。反過來，他們鼓勵女兒乖巧、聽話、愛漂亮，這些行為都不利於培養穩定的高自尊。

那麼，典型女孩的自尊，也許是某一特定時期社會機制留下的反映？上述提到的資料，實際上是二十世紀五〇年代到目前為止各種研究的結論。未來若干年內，關於自尊的研究結果可能出現變化。

今天社會已經見證了各種翻天覆地的變化，這些關於男女對比的研究報告很可能低估

女性的完美身體

悲慘的青春期少女

有一位父親說道：「我小時候只有兄弟，現在當爸爸了，有兩個女兒。我每天送她們去學校，漸漸發現了我成年之後才開始熟悉的女性世界是如何形成的。最讓我印象深刻的是，從幼稚園開始，四歲的小女孩便十分注重『造型』，有些小女孩就是她母親的翻版，穿著一樣的厚底休閒運動鞋、一樣的螢光色羽絨服，感覺母女倆都一大早起床梳妝打扮後才出門。我甚至見過一個小女孩一把推開她的『男朋友』——同班的小男生，因為他親吻她的時候用力過猛，把她的髮型弄亂了。四歲就這麼愛漂亮，不知道十四歲的時候會是什麼樣子？」

今天，六十%的少女聲稱自己太胖，僅有二十%對自己的身材滿意。十四歲的女生中有三分之一已經試過節食，年齡在十四～二十三歲之間的女孩自尊水準呈下降趨勢；而同年齡的男孩，自尊水準則呈上升趨勢。為什麼？從一項關於青少年對自己外表的滿意度調

學齡男孩／女孩自我形象的變化

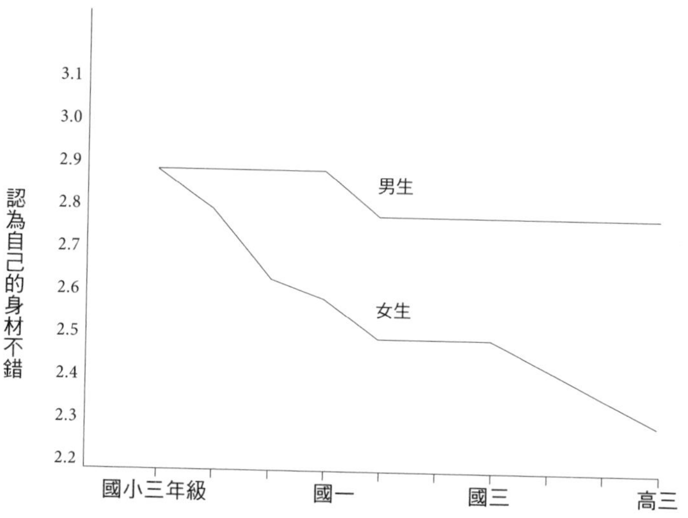

（來源：S. Harter, in R. F. Baumeister）

查，可以對這個問題提供解答：

從大約八歲左右開始，女孩對自己的滿意度迅速下跌，而男孩對自己外表的滿意度則維持不變。女孩的相貌並不比男孩差，所以原因並不在於外貌的變化，而在於個體對自己的看法。這種看法在很大程度上，取決於社會環境對其所造成的壓力。

一個人認為自己「是」什麼模樣和他認為自己「應該是」什麼模樣之間，如果存在巨大的差異，其自尊水準將直線下降。有些女性甚至一輩子受困於此。

體重問題為何敏感？

女性如何看待自己的身材？研究發現，大部分女性對自己身材的

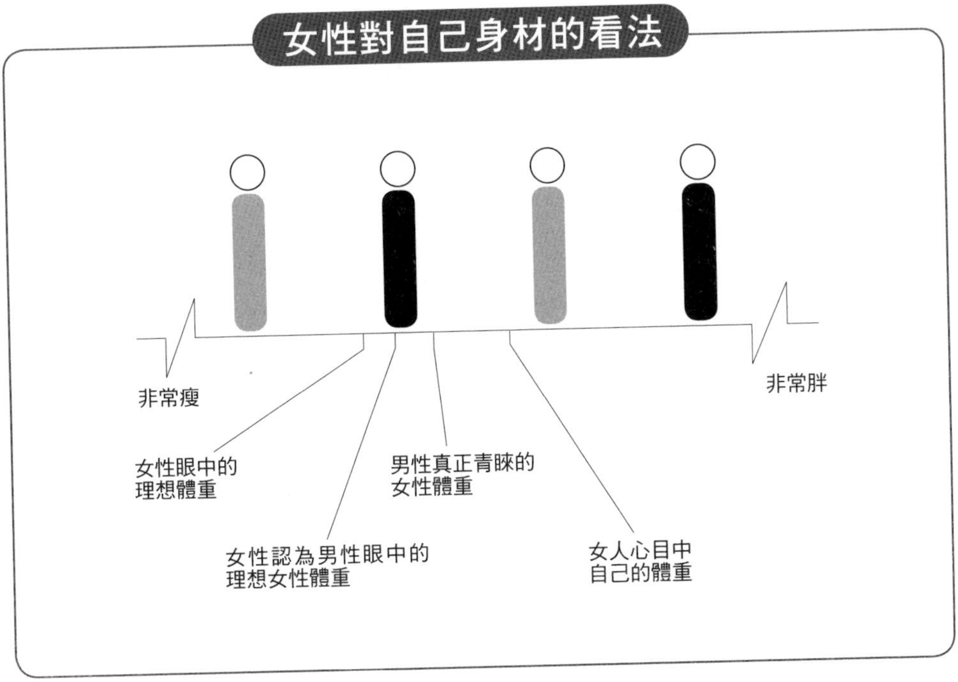

評價比男孩差。

實際上，她們錯了。如果你問她們理想的體重是多少，她們的答案總是比她們的體重輕很多；如果問她們認為男性眼中理想的女性身材是什麼樣，她們的答案往往與男性的答案差距頗大。其實相對女性自己的標準，男性眼中理想的女性身材要豐滿多。

男人對自己的看法則沒有這樣的偏差。

當被問到自己的理想體重，或者他們認為在女性心目中男人的理想體重是多少時，答案基本上是一致的：他們覺得自己目前的體重很理想，並且覺得女人對他們的體重也滿意。不過，我們在下文中會看到男人在其他方面有一些困擾。

纖瘦緊箍咒：受困的模特兒與舞蹈演員

據說溫莎公爵夫人有這樣一句名言：「人不嫌瘦，錢不嫌多。」換句話說，女人對身材的擔憂永無終結之日。

今天，女性在外表方面承受著巨大的文化壓力。在時尚和廣告業的大肆宣傳之下，隨處可見身材無可挑剔的完美女性模特兒，因此，「纖瘦」成了女性的執念和美的標準。若干年來，舞蹈演員的身材演變，正是這種潛移默化壓力的一大體現。誰還記得，歌劇女聲樂家的身材曾經都非常豐滿，天生適合唱歌但不適宜節食？從瑪利亞．卡拉斯（Maria Callas）開始，現代女歌唱家都得擁有另一種典範的身材，也就是弱不禁風的年輕女孩的身材。在某些音樂愛好者看來，她們的外形是更美了，音色和演唱卻沒能跟上。

心靈巨餓：暴食症的反撲

西方社會裡人們飲食方面的問題越來越多，而且急劇增加，這也是社會壓力的表現之一，飲食行為的紊亂與自尊問題密切相關。研究顯示，低自尊的人往往愛吃零食或暴飲暴食。自我懷疑會導致「暴食症」，有時候，病情極為嚴重。

Issue

女性，過度在意甚至幻想男性看法的「外型低自尊」。

BJ 的單身日記

對外表打扮極度關注，已成為女性雜誌文章的經典主題。尤其春季開始，這些雜誌的封面便充斥著各種節食瘦身的標題。教女性減肥的書籍大行其道、極為暢銷，這種現象在小說裡得到了充分的體現。

海倫·菲爾丁（Helan Fielding）在她有趣的小說《B.J. 的單身日記》（*Bridget Jones's Diary*）裡描述了一名感情生活空虛孤獨的年輕女人，如何過度緊張自己的身材：

12 月 4 號，星期一，58.5 kg（耶誕節之前必須瘦下來。）
1 月 3 號，星期二，59kg（快要肥死啦！ 為什麼？ 為什麼？）
1 月 4 號，星期三，59.5 kg（緊急狀態：一定是過節的時候吸收的油脂正慢慢釋放出來。）
1 月 8 號，星期日，58 公斤（太棒了。可是有什麼用呢？）
2 月 6 號，星期一，56.8 kg（我的體內有什麼東西融化了，不得而知。）

男人的自戀

投影心湖的另一個我

對自己外表過度關注，可能會影響你的自尊。

你還記得上一次聽到自己說話（錄音或電話答錄機裡留下）的聲音嗎？你覺得這個聲音好聽嗎？你很可能覺得不好聽。研究人員確實發現，參加實驗的受測試者聽到自己被錄下來的聲音後自尊水準有所下降，變得不太自信，甚至很可能無法正確地按要求來完成一件事。

錄影實驗的結果相同。實驗中，將受測試者本人的影像在電視螢幕上即時播放，結果很多人變得更容易被他人的意見所左右。這種感受每個人可能都有過，在影片當中看到自己的臉，絕大多數情況下，人們的第一反應（表露或隱藏）都是失望：「我就長這樣？別人眼中的我就是這個樣子嗎？這個怪怪的聲音就是我的聲音？」對那些最脆弱、最不自信的人來說，這簡直太可怕了！他們很可能再也不願意拍照或錄影。

告訴我你的尺寸，我就能判斷你的價值

傳統來講，男人沒有女人那麼重視美貌或身材，但男人對自己某些方面的體貌還是一直很關注，尤其是「尺寸大小」。

小男孩之間經常互相比生殖器的大小，這個話題在媒體上一度屬於禁忌，現在卻已悄然占據了各大男性雜誌的頭條。此事關乎他們的性能力，不僅僅是西方男性關心的問題，少數民族精神治療師也很熟悉「庫魯病」（kuru）——遠東地區的男性，很擔心自己的生殖器會縮進肚子裡，在極端焦慮驚恐的時候，病人會想盡辦法阻止生殖器收縮。

男人最擔心的還有身高問題。如果覺得自己太矮，男人會很痛苦。是否記得童年時我們總想「長高」？大部分人的幻想裡，個子高意味著能力強。所以，人們往往會高估那些身居高位或社會地位較高的人的身高。比如，美國總統的身高被美國民眾高估了平均七‧六公分。當我們在街上或飛機上遇見一位名人，我們會很驚訝，對方突然一下子「變矮了」——比我們想像中的矮。

薩特的自尊

薩特在講述自己早年的經歷時曾說，他小時候很受寵，家裡人都叫他「上天的禮物」，後來隨著年齡的增長，他逐漸遭受了現實的打擊，顯然他算不上「漂亮的男孩」。

比如，他寫道，當他發現自己並非世界的中心，他無比痛苦：「我體會到了女演員人老珠黃時的痛苦，發現別人比自己更討人喜歡。」薩特還曾談起祖父瞞著他母親讓他去剪

頭髮，他終於意識到了自己相貌醜陋：「母親把自己鎖在屋裡放聲大哭。剪髮之前，漂亮的英式卷髮長及耳際，為我遮醜，母親就可以逃避我長得醜這個事實。」

最後，他寫到了在鏡子面前度過的日日夜夜：「鏡子對我來說是救星，它的使命便是告訴我我是一個怪物。」薩特對一般只有女性才關注的外表問題格外敏感，也許是因為他母親長期將他打扮成女孩（這種做法在當時的中產階級家庭中屢見不鮮，男孩七歲之前一直被留著卷卷的長髮）。

男性不再能例外

另一些作家，比如羅伯特・穆齊爾（Robert Musil）在《沒有個性的人》（*Der Mann ohne Eigenschaften*）中寫道：「如今這個時代，人們依然留戀鏡子裡的影子，依舊關注身高和髮型。」那麼，薩特大概算是現在這場深度運動的先驅了吧？

男性的身體在廣告中越來越常見，香水、護膚品、時裝等等。男人們今天被各種「身材完美無瑕的男性形象」（肌肉發達、膚色健康、肢體柔軟而又光滑）輪番轟炸，跟女人一樣感受到了巨大的社會壓力，只不過晚了三十年。這一切都給那些腹部漸凸、沒時間或不願意每週去幾次健身房舉重或美黑的世紀末男人，帶來了諸多的新煩惱。

Issue

過度在意自己和過度在意他人，只會不斷削弱自尊。

納西瑟斯與弗蘭肯斯坦

儘管人們常常批評女人對自己的形象太過注意，但史上關於自我形象的兩大著名神話的主角卻是男性。

納西瑟斯是一位俊美的年輕男子，所有的水妖都為他神魂顛倒，可是納西瑟斯從來不理會她們。水妖們於是向涅墨西斯告狀，女神便詛咒了納西瑟斯：「讓他也墜入愛河，但永遠不能得到他心愛的人。」納西瑟斯在泉水旁望見自己的倒影時，立即愛上了自己的影子，最終因為廢寢忘食地端詳美麗的影子而活活餓死。這個神話的寓意再明白不過——自戀是沒有出路的困境。精神分析用「納西瑟斯神話」來定義「沉溺於自我形象的自戀」。

弗蘭肯斯坦博士製造出來的無名怪物，命運則截然相反，起初他善良、多愁善感，人類對他的控制和攻擊使他漸漸地怨毒和絕望。於是他要求自己的創造者，為他製造了一個跟他一樣的伴侶，給他苦難的命運帶來一點安慰。

「我要你替我製造一個女怪物，她必須跟我一樣醜陋。當然，這只能算是小小的安慰，但這是我唯一可以要求的，我會感到滿足。我跟她一定會成為一對怪物伴侶，與世隔絕，這只會讓我們更加相依為命。」怪物的自尊，因為外表醜陋被社會拒絕，受到了嚴重的傷害，他認為只有伴侶關係才能修復他的自尊。

美貌帶來的社會優勢和弊端

醜陋是最惡劣的缺陷？

對心理治療師來說，病人抱怨自己外表醜陋的時候很難處理，尤其是在病人確實長相不佳的情況下更是棘手。

如何迅速回應，才能既不欺騙，又不空洞？大概就是因為這個原因，心理治療師不做出回應，反過來也開始深思。

以下節選自一位病人寫給我們的信：

「我知道我很醜。我一直心知肚明。小時候我的相貌就不可愛，我很早就意識到了，因為別的小孩總是對我直言不諱，可是我始終假裝沒聽見他們說的話。母親在學校門口接我的時候，聽到各種笑我醜的冷嘲熱諷，也是假裝充耳不聞，她肯定也很難過，但是她選擇從來不跟我談起這事，所以我也採取了這種態度，對這個問題緘口不言。」

「有一天，某位看穿我痛苦的女老師試著跟我談談，我一個字都沒有說，但我心裡

侏儒與公主

詩人和小説家，對於意識到自己相貌醜陋而備受煎熬的人描寫頗多。王爾德的一則童話講述了一個被召入西班牙王宮，給小公主當弄臣的小侏儒的故事。當小侏儒第一次在鏡子裡看見自己的樣子，以前一直未曾意識到自己外表的他，突然發現自己醜得令人生厭：

「真相終於大白了，他發出一聲絕望的號叫，嗚咽著倒在地上。這麼説，那個畸形駝背、極其難看的怪物就是他，他自己就是那個怪物，他一直是所有孩子的笑料。他原以為小公主愛他，其實她也僅僅是在嘲笑他的醜陋，嘲弄他扭曲的四肢。為什麼他們不讓他一直留在森林裡呢？那裡沒有鏡子，沒有人會告訴他真相。為什麼他父親當時不把他殺了而是把他賣來被人羞辱？」

想：終於有個人明白我了。她看到了我的悲傷，但她始終不敢跟我深入地討論，這是我最悲傷的童年記憶——比嘲笑更令我悲傷，以致我無力握住那只伸過來的援手。」

「醜陋的外表長期折磨著我，我漸漸習慣了，但旁人的一點點刺激都會加劇我的痛苦，不管是一句話、一個注視或一絲嘲笑。這成了一座牢籠、一種甩不掉的煩惱。我總是注意別人的一舉一動，猜測他們是不是在議論……我絕口不提，內心卻悲傷不已。漸漸習慣了被人嫌棄冷落，習慣了成為受害者、配角……長大以後更堅信多說、傾訴都無用，否則會對身邊的人造成很大壓力，他們通常馬上選擇撒謊，為了擺脫自己的尷尬，用幾句『內在美』之類的陳腔濫調隨口敷衍，全是些毫無用處的廢話。」

「醜陋是最惡劣的缺陷，人可以改變自私、正視恐懼，可是體態外貌天生如此，怎麼改？我常常夢想活在一個盲眼的世界裡，那麼外表就無足輕重了……」

為什麼身材相貌在自尊中占據重要地位？原因可能很簡單——**在所有滋養自尊的個人能力當中，外表是最直接的**，完全與外部條件無關。要展現學習能力，必須通過考試；要表現運動能力，必須參加比賽；要體現自己遵循規範，必須有外部群體發現並讚揚行為。但美貌這一點，任何時候都不證自明。也許正是因為這個原因，美貌一直被視為神祇的特質之一，神和天使首先是美的，然後才是善的。

美貌、財富和名氣……

賽吉．甘斯柏（Serge Gainsbourg）承認自己受相貌問題困擾，曾在歌裡唱道：「醜人有看不見的美。」莎士比亞則認為「美在欣賞者眼中」。名言如許，可惜美並非只存在於腦中。大量研究顯示，長得美的人會得到更多的關注。

美貌的優勢

以長得好看的小孩為例，當把他交給一個父母之外的成年人，這個成年人會僅僅因為孩子長得好看，就對他的小過錯更為容忍，並且會給他更多鼓勵。在社會中也是如此，好看的小孩更容易得到原諒，長得難看的小孩會遭受更多不公。

儒勒．雷納爾在他的自傳式代表作《胡蘿蔔鬚》（*Poil de carofte*）裡，描述了一個紅髮小男孩不幸的童年。母親覺得他長得難看，所以明顯偏愛兩個哥哥。小蘿蔔皮有一天憂傷地說：「不是所有的人都能成為孤兒……」

偏愛美貌的不僅是成年人，小學裡最受歡迎的孩子，往往也是長相最受同學喜愛的孩子。小學生們很容易欺負那些有外貌缺陷的孩子，或是那些具有某種被群體看不起的特點的孩子，如：戴眼鏡、髮色另類、有口音、穿著不好等。

一直以來，童話故事裡的好壞角色都極為分明：英雄個個美貌，壞人個個醜陋。少數個別童話給了長相難看的孩子一絲希望，指出醜的人也可能蛻變成美的如：《美女與野獸》、《醜髮王子》（*Riquet à la houppe*）、《醜小鴨》等等。但不管怎樣，好心的主角最終都會有好報，得到終極滿足——美貌。

據我們所知，沒有哪一個童話的結局是：他們幸福地生活著，儘管主角外表很醜。所以說，童話故事的寓意並不模棱兩可，它們告訴孩子長得美比長得醜好。必須承認，現代的一些童話故事對醜有了更多的寬容，比如，在《傑拉爾妲的巨人》（*Le Géant de zéralda*）中，湯米．溫格爾（Tomi Ungerer）描寫了一個年輕女子最終嫁給長相不太好看，但心地善良、可愛的巨人，但首先，她幫巨人刮掉了難看的大鬍子。

再來看看成年人的世界。這裡的情況如出一轍：相貌堂堂的成年人在旁人眼裡更值得信任。

很多研究發現，人們會僅僅因為一個人外貌出眾，就在心裡給他安上各種優點。比如，我們給一些女大學生一篇短篇小說，稱這篇小說是某個年輕女子的作品，並給她們一張「作者」的照片。一半的人拿到的照片上是個年輕漂亮的女孩；另一半的人拿到的照片是個相貌平平的女孩。同一部作品，當「作者」是漂亮女孩時，她獲得的評價明顯高於長相一般的女孩。而且作品水準越低，這種評價差異越明顯。作品水準不錯的情況下，作者相貌對評價影響則不大。

所以，在此給初出茅廬的新手作家們一個建議：如果你不確定自己的作品是否為驚世傑作，在琢磨自己文筆的同時，也請打磨一下自己的外表。

美貌甚至可以吸金。一個針對七千多名被試者的調查研究顯示，在能力水準相等的情況下，相貌出眾者的薪酬略高於相貌普通的人，但後者跟相貌醜陋的人比起來，薪資還是稍高一些。外貌是在性別、年齡和種族歧視之外，又多出來的一種歧視。

美貌的優勢如此驚人，以至於很多人不願承認。也許出於羞恥心或是虛偽，超模們和她們的雇方喜歡解釋說：「這些年輕女孩工作辛苦，特別努力。」並說真正的美，來自於內心，強調她們個性如何豐富迷人。諸如此類的說詞，似乎是在擔心超級模特兒收入極高純粹是「因為長得美」，如此容易遭人反感，難以被人接受。

你覺得洩氣了？放心，美貌的人也會有點小煩惱。

遠離箭靶，首先不要太漂亮

你知道嗎？人們也很容易給外表漂亮的人安上一些莫須有的惡念。比如，他們往往認為長得漂亮的人更容易不忠於婚姻，比長相平庸的人更容易離婚。

觸犯法律的時候，如果是詐騙罪，長得好看的人會獲得更重的刑罰，原因可能是法官認為罪犯利用了自己的美貌作為詐騙武器。反過來，如果受害人並沒有受騙，比如偷竊和暴力犯罪，法官量刑則可能較輕，因為罪犯的美貌會激發法官的惻隱之心，他們相信一個長相漂亮的人，不會是徹頭徹尾的壞人。

注意，美貌有諸多好處，但不要過於漂亮。**要享受美貌帶來的好處，最重要的是你的光芒不能完全壓倒周圍的人。**美貌的優勢主要適用於中上之姿者，因為他們讓其他人覺得自己尚有可能望其項背。如果你的美貌程度大大超過其他人，很可能使他們在一旁自慚形穢，反而會不利於你。

儀表好的人能獲得異性的偏愛，相反地，也會受到同性的排斥。這種嫉妒在男性和女性當中都存在。

俊男美女們，請記住美貌帶來的性吸引力並非永恆，每次爭吵之後，人們一般會覺得對方不如以前那麼好看了。

求愛儀式的武器

上述研究發現了一些現象，我們不能再對外表問題嗤之以鼻。對，美貌在人群中不是平均分布的。沒錯，美貌確實會給擁有它的人帶來一些好處。而且，美不僅僅存在於人際間審美觀。

演化心理學家認為，一種經歷千萬年的考驗，留存下來的心理或生理特點，對個體或物種來說是有用處的。

美貌在演化過程中的優勢是什麼？無疑，美貌能使人更容易找到性伴侶，因此它對女性來說更為重要，因為女性在求愛儀式中的主要武器是「吸引力」，美貌能讓個體更容易、更快速被同類接受。

Issue

當不再愛一個人的時候，才會發現原來美麗會褪色。

造型、時尚和自尊

穿著：胡謅和打扮

蘇菲，二十八歲，她的衣櫃裡裝滿了一次都沒有穿過的衣服。瑪嘉麗，五歲，每天早上在裝衣服的抽屜前猶豫很久，不知道穿什麼。父母擔心送她上學遲到而催促她，她就會焦躁起來：「我不想穿得像個難看的巫婆！」

服裝的功用早已不只是禦寒或蔽體，而是自尊的義肢與遮羞布。當你買下一件特別適合你的好衣服，你感覺怎樣？肯定是自我感覺良好。你的自尊因此更提升了。當然，這種情況持續不了多久，但你在自己心目中的形象變得更好了，感覺飄飄然，短則幾小時，長則幾天。

在西方國家，改善自我形象最快、最簡單的辦法，往往就是買衣服。

假如人們都沒有太大的自尊問題，「時尚」是否還會存在？對美的需求和改變裝扮的樂趣，是否足以支撐整個時尚業持續運轉？我們很懷疑。

不然，要如何解釋各種「時尚大牌」的成功？一件衣服只要貼上了某品牌的標籤，就能賣得很貴。曾經，時尚是胸前的一隻小鱷魚，後來變成了馬球手，但不過多久又會變成另一種。

時尚受害者（fashion victims）唯一關心的就是緊盯潮流和商店櫥窗，及時把握風向，目的是搶在所有人前面穿上即將流行的潮款，尤其不能在所有人都已經跟風的時候繼續穿同一款。

人們為何又如何追逐時尚潮流？

不是所有的人都追隨潮流，跟隨流行的方式並不隨意，也不隨心所欲。

對一部分人來說，時尚，特別是當他超前於流行的時候，可以使他的自尊得到提升。他們的目標是將自己跟別人區別開來，用最早掌握最新潮的穿衣打扮方式，作為時尚先驅，他們自覺地位不一樣，樂意迎接那些打扮仍舊老式的「大眾」投來的詫異和批評的目光。他們不僅不覺得被人瞧不起，還頗為得意。

對其他人來說，「追隨潮流」是一種防止自尊水準降低的辦法。他們的動機不是提高自信，而是避免喪失自信。他們只會在某種潮流已經蔚成風行時跟隨流行，以免因打扮過時而得到別人的負面評價。

當然，到了「所有人都開始這麼穿」的階段，創新者們早就拋棄了這種時尚，因為它已經不能再給他們增添自信了。

試衣間的考驗

試衣間暴露了購物的女人內心的「小糾結與大焦慮」，是對自尊進行大調整的最佳舞臺。試衣間其實是「理想的自我形象」（對自己穿上某件衣服模樣的想像）與「真實的自我形象」（穿上之後自己在自己眼中、特別是售貨小姐眼中的樣子）之相逢。

有個電臺節目在某大商場的試衣間外進行採訪，女性顧客的回答揭示出了她們的心態：「今天諸事不順，我覺得這條短裙好看，可穿上之後就不喜歡了。」「我不喜歡這樣直接面對現實。」加上一句犀利的評語：「所有這些，都是腦子裡的想像，是吧，一到鏡子前……」

可以設計一個關於自尊水準的調查問卷，請女性顧客在進試衣間之前和出來之後回答同樣的問題。服裝設計師有興趣的話不妨一試。

一櫃時髦無用的衣服……

為什麼你的自尊會促使你買下過於新潮的衣服，卻從來不穿？

如何解釋有些低自尊的人買來買去，總是買回穿不出去的衣服？比如前面提到的蘇菲。這事得分成兩個階段來看：首先，在商場裡，迫於環境壓力，蘇菲選擇了售貨員推薦的衣服。在商店這個不真實的小環境裡，她的新添妝扮跟其他人一模一樣，售貨員、其他客人、宣傳海報上比真人美得多的模特兒都這麼穿。

然後，一回到家，蘇菲不再處於那個虛擬的世界，而回到了自己的真實世界。她在樓梯間遇到了樓下的鄰居，她知道，一過完週末這兩天，自己就得回去上班，那條非常「時尚」、讓她變得跟商店裡所有人一樣時髦的裙子，很可能會使她在常混跡的人群中顯得過分惹眼。一想到鄰居和同事看到自己穿新裝時的表情，她便不敢穿上那件衣服，最終把它束之高閣。

時尚潮流與少數小眾

某些邊緣群體，會發展出自己的時尚潮流。二十世紀七〇年代的「龐克現象」就是一個很好的例子，龐克們拒絕所謂「好品味」的教條和框架，並選擇了比邋遢還另類的裝扮。然而龐克式裝扮漸漸地也越來越講究，與「主流」時尚一樣束縛頗多。

一位心理治療師在柏林讀大學時，曾與龐克族打過一些交道，他們花在化妝打扮上的時間，基本上和時裝秀上驚人炫目的裝扮所耗費的時間差不多——將頭髮豎成刺蝟狀，用刮鬍子泡沫與啤酒的混合物修整髮端，在衣服上精心裝飾大大小小的安全別針，假裝隨意地弄出很多破洞。其實，這個群體中自尊水準最低的那些人，在出門去集會的路上特別侷促不安：下班高峰時，一身龐克打扮坐在郊區公共汽車上可不是一件易事。

Issue

勇於推翻和異議，喜歡「標準由自己來定」？高自尊的表現。

該責怪形象產業嗎？

對美的永恆追求

對美的追求似乎是永恆的人性。人自古以來便注重修飾外表，有時甚至到了危害自己健康的地步：古代的女人曾用鉛白來塗臉，使膚色變白，鉛白實際上是一種劇毒；中國上流階層的女人「裹小腳」，令腳變形，只因為小腳是美女的標準之一；還有非洲某些族群的「長脖子女人」。尤其後兩者殘害女性身體，使其喪失行動能力，對女性的健康和獨立自主造成危害。

說到女性美的典範對身材的要求，某些時代對豐滿的女人來說比較仁慈：為了安慰胖女人，我們常常舉出史前文化和非洲文化對大臀女人的崇拜，或魯本斯畫中的豐滿美人為例。但她們總反駁說，這一切畢竟離我們的時代太遠。也許從來沒有一個時代像現在這樣給女性如此大的壓力，令她們拚命想接近最美的標準身材。

以「青春期少女苗條身材」為美的西方審美日漸全球化，這局面看起來暫時無法逆轉，加之市場行銷和廣告策劃者的附和，將這種美的標準奉為圭臬，其影響更是越來越大。

惡的延伸

外表方面的社會壓力，在以往的時代裡確實沒有今天這麼大，原因有如下幾點：

一、見識少，「比較」少

從前的人，沒有太多機會看到「理想化的完美模特兒」。在媒體時代到來之前，一個男人眼中美的典範，就是他身邊最漂亮的那個女孩的樣子，而這個女孩的長相，不會跟鄉村地區其他女孩相差太大。

今天，每個男人每天至少數次面對全世界最美的女孩形象，看板上、雜誌裡、電視廣告裡經常出現。而且，今天的世界人口大部分居住在大城市裡，遇見美麗的陌生女子的機會比過去高得多。想要與配偶長相廝守，達爾文的建議是隱居鄉間。

二、過去「外表」並沒有這麼重要

從前人們選擇配偶時，外表並不像現在這麼重要。過去的婚姻大多數屬於媒妁包辦，相鄰相識的家庭之間結為親家或為了共同利益聯姻。對於個體來說，這不一定是件好事，但這種做法限制了「審美」對配偶選擇的影響，長相不美的男人和女人也能成家。

三、社會規範的巧妙「類同化」

有些地區小孩上學要求穿罩衫，禁止暴露身體，大人往往也用寬大的服裝掩蓋身體曲線。這些社會規範儘管最初目的並非為了保護個體的自尊，卻確實縮小了個體之間身體外表上的差異。

四、社會對美採取相對的虛偽態度

主流觀點的說法：有些價值比外表更重要。也許也對於調整自尊價值的平衡有益處。

五、「極致完美」的迷思出現

我們活在一個處處充斥著令人氣悶的完美形象時代，社會群體不再像以前那樣虛偽掩飾（至少在美這個問題上），越來越公開地推崇美。人類想變得更美，顯然這並沒有什麼不當。這股風氣愈演愈烈，其中隱含的巨大商機進而也被利用。針對人們愛美心理製作的廣告，起初僅限於用來遮蔽身體的時尚服裝，今天，廣告更進一步直接瞄準身體，宣揚美容、整容等行業。

有些廣告變得越來越公開地利用人的罪惡感，某連鎖健身中心的廣告宣傳毫不掩飾地用了以下廣告語：「永別了，鬆垮的屁股」、「燃燒多餘的脂肪」、「再見，難看的小腹」。對那些「臀部鬆垮」的女性來說，這種令其自慚形穢的廣告滿天飛，會對她的自尊造成什麼影響？另一種現象是：女性雜誌以往定期在頭條做瘦身和節食的專題，現在則增加了整形手術的內容。哪天或許會出現高科技人體翻模的「克隆美容」？

當女權領袖遇上芭比娃娃

一九五九年，美國美泰玩具公司推出了著名的芭比娃娃。多年之後，芭比娃娃的創造者露絲・漢德勒（Ruth Handler）談到這個產品的問世時說：「在此之前，沒有人賦予玩

魔鏡，我漂亮的魔鏡

如今鏡子在我們日常生活環境中無處不在，家中的浴室和衣帽間，商店、樓房的大廳，健身房、私家車的後視鏡。每一天，我們在鏡子中看到幾十次自己的形象。以前可不是這樣，實際上，直到十七世紀，鏡子還非常稀有。凡爾賽宮的鏡廳，在當時是貴族權勢與財力的象徵，自然彰顯了其主人路易十四超高的自尊。而鏡子的廣泛普及到十九世紀才慢慢開始。從此，鏡子成了我們熟悉又親密的朋友。這種無處不在的鏡中形象，加上照片和影片，使日益增大的身材壓力又放大了多少？ 肯定不少！

具娃娃如此女性化的身材。」

自問世以來，全世界共賣出超過十億個芭比娃娃。因為芭比不過是一個玩具，它的暢銷就毫無負面影響嗎？芭比娃娃所傳達的完美女性形象難道沒有害處？如果我們把芭比娃娃的身材比例換算成成年女性的身材，結果是一七七公分的身高，三圍為八五—四六—七三，這根本不符合正常人類的身體結構。這些數字給一代又一代的小女孩一種錯誤的完美身材觀念，當這些小女孩在青春期發胖時，自尊會因此大受打擊。

這就是為什麼美國的女權主義運動，早就把「芭比娃娃」作為抗議的靶子，曾經要求商家給芭比娃娃的包裝加上以下提示：「注意：大部分女性不會長成芭比娃娃這個模樣。」如不向小女孩傳達這一資訊，會對她們造成嚴重的身心障礙。

當玩具公司推出會說話的芭比娃娃，讓它

用尖細做作的聲音說出「數學好難」時，又掀起了軒然大波。他們遭到女權主義者的猛烈抨擊，難道給小女孩規定的發展道路就是：拚命照著不可能實現的完美女人形象來打扮自己，並早早認定自己沒有能力進行「高難度」的學習嗎？想提高自尊，芭比可不是最好的選擇。

關於芭比娃娃，最令人憂心的一點是：它不只是接近青春期少女的玩具，很多四歲左右的小女孩都想要芭比娃娃。這些過早接觸芭比娃娃的小女孩，將來會是什麼樣？

物極必反？

上文所說的這一切似乎很令人擔心，但是調節機制往往會自發開始起作用。比如芭比，小女孩越早接觸這個玩具娃娃，就會越快拋棄它。媽媽們經常告訴我們，女兒到了十七歲便會把自己的芭比扔給妹妹。

美泰玩具公司在一九九七年調整了芭比娃娃的外形，使之更接近真實女性的身材比例（但依然不是隨便哪個普通女人的身材），這個微幅的變動，不失為他們在鼓吹了太令人鬱悶、不可能實現達到的女性完美身材標準之後，出於愧疚之心的一時衝動吧。

不少與外表相關的行業，也確實已經意識到他們對美的強調有些過火。二十世紀九〇年代中期以來，出現了一些不符合常規審美標準的模特兒，她們的面孔具有強烈的個性，比如美國品牌凱文·克萊（Calvin Klein）的形象代言人凱特·莫斯（Kate Moss）的臉。一九九八年秋季，英國服裝設計師麥昆（CMCQueen）讓一位雙腿被截肢的年輕女性為其

《古墓奇兵》的蘿拉與芭比娃娃？

玩具或遊戲中，有的女性形象儘管表面看起來比芭比娃娃更「女權」，實際上卻擁有同樣不可能的完美身材。

蘿拉．卡芙特是知名電腦遊戲《古墓奇兵》中的女主角，面容嬌好、少女式的苗條身材，略有一點軍裝色彩的超短褲凸顯出修長的雙腿，胸部不僅超豐滿，還完全不受地心引力的影響，無論蘿拉為了突出重圍或打敗對手，而竭力跳躍或奔跑都巍然不動。

想一想，這樣一位女英雄會對處於性敏感期、在電腦遊戲中度過數百小時的小男孩和少年心目中的理想女性形象，產生什麼樣的影響？對那些同樣喜歡這個遊戲的女孩心目中的女性身材形象，又會造成什麼影響？

走秀。同年，義大利服裝品牌貝納通使用了一系列身患殘疾的年輕人的照片作宣傳照，以此心理攻勢，吸引消費者購買他們的產品。

一九九六年，法國服裝設計師戈蒂耶（Jean-Paul Gaultier）在服裝秀中啟用了一群優雅的祖母級模特兒。這些服飾品牌彷彿在對消費者發出「心靈雞湯式」的信號：為了推銷產品，我們曾過度地使用超乎完美的偶像。但是請看，現在那些跟美毫無關係的人也能買我們的產品，無論年老、破相或是殘疾。所以，如果您既不美也不醜，您也可以。

其他商家採取了更極端的手段。比如英國化妝護膚品公司美體小鋪（The Body Shop）一九九八年設計的全球廣告宣傳活動，就是以「自尊」為主題。為了區別於競爭對手的廣告詞，該品牌直接控訴與身體形象相關的產業：「二十三年前，模特兒的體重比女性平均體重輕八%。今天，這一誤差值是二十三%。」他們指責其他廣告惡意利用女性在情感方面的挫敗感，像是：「我瘦了四十公斤，終於找到了愛情。」他們在自己的店鋪張貼露比（Ruby）娃娃的宣傳照，胖胖的露比相當於「反芭比」，代表全世界普通女性的「中等」形象：「全世界只有八個超模，剩下的三十億女性都不是超模。」最後他們還不忘諷刺美容化妝品產業的心靈雞湯廣告語：「難道一罐面霜才能給你自尊？」

無論這一個品牌的廣告宣傳方式，是出自真心實意還是精明算計，它都確實具有很重要的意義：第一個美容護膚品牌拒絕使用慣用的「越來越美，越來越瘦」的完美宣傳語。美體小鋪的創始人兼總裁安妮塔．羅迪克（Anita Rodick）一九九八年接受女性雜誌《美麗佳人》（*Marie. Claire*）採訪時說：「我竭力想找到一種『真誠的美』的概念。」

這個概念，是一種可以包容世界上如此多種不同外形的美。同樣地，法國政治家常常批判「單一思維」，也許有一天，我們可以批判一下「單一美」的觀念。

日益專斷的時尚暴君第一次表現出了退讓，這種情況會不會持續？或者，只不過是暫時出於行銷策略考慮，讓市場和消費者稍稍喘息一下而已？需要等幾年才能知道。但是，在此期間，我們難道不應該對這些以我們的身體為商機的產業，多幾分警惕、多一些要求嗎？我們的社會，難道不應該想辦法鼓勵人們透過其他途徑，來提升自尊和對他人的尊重，而不是透過「追求符合統一標準」的外在美？

第 8 章

理論

我們在對自戀的探索中獲得了有限的發現，
但大部分依然未知。

——法蘭索瓦・德・拉羅希福可

Théories

學會管理自己的渴望

詹姆斯方程式

對於研究人員來說，自尊問題還是一片廣闊而有待開墾的領域，目前尚未出現完整的理論體系，前人的研究方法豐富多樣，不易摸清門道。接下來，我們要帶領你瞭解一下目前通用的四大理論，唯一的目的，就是讓你更完整地認識你的自尊。

威廉·詹姆斯（Willian James）是現代科學心理學的奠基人之一，也是最早研究自尊問題的先驅之一。這位美國醫生兼哲學家，發現了一個人的「客觀品質」與「對自己的滿意程度」之間，並不存在直接關係。他為此感到十分驚訝，曾經寫道：「**一個能力極其有限的人，仍然可以非常自負，堅定不移地相信自己。而另一個人儘管人生成功，並獲得他人的普遍尊重，卻也可能對自己的能力心存懷疑。**」於是他理所當然地得出結論：對自己滿意或不滿意，並不僅僅取決於成功，還取決於我們判斷成功的標準。他將這一結論簡化為自尊方程式。

詹姆斯自尊方程式

$$自尊 = \frac{成功}{自我要求}$$

換言之，我們獲得的成功越多，自尊水準也就越高，但前提條件是我們對自己的要求不能過高。舉一個例子，你高考取得較好的成績，這算是「成功」，如果你只盼望過關就好，這個成績當然完全能令你滿意。但如果你對自己要求高，想考第一名，同樣的成績就會令你大失所望。在前一種情況下，自尊水準上升；而在後一種情況下，自尊水準下降。

過高的自我要求會妨礙自尊的提升。諾貝爾文學獎得主海明威在名滿天下、到達人生輝煌巔峰時曾說：「重要的不是我已經寫出來的文字，而是我本來可以寫出來的。」不久後便自殺了。有些人天資好、運氣極佳，偏偏對自己還不滿意，這種人就可以用這種理論來解釋。

另外還有一些病人的痛苦也是如此，很多天生靦腆的人，對自己的社交表現要求完美，心裡常想：「我得討好所有人，不可以惹惱任何人，別人問什麼我都該能回答，應答要敏捷……」這令他們的自尊隨時處在壓力之下。

反過來，有些人的生活在別人眼裡看來境遇不佳，他們卻心理穩定而幸福，部分原因，大概是他們能滿足於自己所擁有的。

成功，可能越吃越重鹹

詹姆斯的公式，不僅可以解釋剛剛提到的自尊水準問題，還可以解釋自尊的發展變化。五歲的蒂奧第一次成功地拋開輔助輪騎自行車。他很明顯地感到十分驕傲，要全家人都來欣賞他騎自行車的風采。幾個星期後，儘管他還是能「像大孩子一樣」騎自行車，但他的自尊水準已經下降，因為他的目標不再是「不用輔助輪騎自行車」，而是「騎得跟哥哥雷米一樣快」。再過一段時間，他的目標可能會變成「放開雙手來騎自行車」。

我們都有過這種體會：初次成功之後，我們的自尊水準大漲，感覺非常開心。但接下來一次次的成功讓我們越來越習以為常，再也沒有第一次成功時那樣強烈的激動心情，而且它們再也「哄騙」不了我們的自尊心，此時，成功在我們看來似乎已經是一件稀鬆平常的事情。

成功能給自尊提供重要的滋養，並不在於提高自尊水準，而在於將其「維持」在較好的水準。想再次使自尊水準大幅提高，我們就得提高自我要求，追求更大的成功，或是在其他領域取得勝利。

懂得放棄，有時是好事

調低對自己的要求，也是對付「成功越來越少、自尊日趨降低」這種問題的有效辦法。老年人就是一個極好的例子，若想快樂地老去，與年輕人正好相反，我們得逐步降低自我要求，至少在某些方面降低一點，比如體能方面。年齡漸長卻不服老，硬要維持運動員身材的話會很痛苦，因為肯定做不到。詹姆斯就說過：「徹底放棄年輕外表和苗條身材的那一天，將是多麼輕鬆愉快啊！」王爾德顯然做不到如此超脫，他說：「年老體衰的最大悲劇是人老心不老。」

說到底，這個關於自尊的議論，主要意義在於提醒人們**學會調整自己的期望值**。**我們得在「好高騖遠」和「懶散懈怠」之間找到平衡點**，前者使我們永遠無法對自己取得的成果滿意，永遠想著更高、更多、更遠的目標；後者則令我們一達到目標就很快固步自封，容易滿足。

Issue

幸福往往是個人視角的問題，自尊水準越高，對自己的生活越感覺滿意。

冒不冒風險，是個問題……

賭徒式投資與保本期待

有一些心理學家在思考：是否可以將理財投資的策略與培養自尊的策略相提並論？他們認為，人在幼年時獲得的愛，可以算作一種資本，供我們後續利用。

在金融投資領域，大投資者掌握著金額巨大的初始資本，會將一部分資金投入到有一定風險但收益很高的投資產品中，比如股票。只要他們夠現實，最終會賺到錢，而且越滾越多。他們不怕在個別投資項目上失利，因為不管怎樣，他們其他投資項目上還有收益，足夠收回資本。

而那些一輩子不太富裕、好不容易才存下一點錢的人，特別害怕未經過深思熟慮就冒險的投資，害怕失去自己僅有的一點積蓄。所以，他們非常謹慎地投資，主要選擇把錢放在有保障的投資產品裡，比如儲蓄帳戶。因此，他們的「收益」與「風險」差不多——都「極小」。

自尊的投資模式

- ◆ 自尊需要定期再投資，才能不貶值。
- ◆ 收益與風險成正比。
- ◆ 初始資本越大，越容易決定冒險。

自尊承受得起幾番風浪？

把這個投資模式挪到自尊上來，能幫助我們理解高自尊的人和低自尊的人為什麼會採取不同的策略。我們已經知道，前者對人生的態度比較主動：他們願意冒險、積極出手，所以得到更多回報，進而提升了自尊水準。後者則謹小慎微：他們不願意冒險，只有在有保障和可預見的前提下才肯冒險，這使他們少有機會提升自尊水準。

這個模式看似不太公平，就像有錢人會越來越有錢，一開始就自視較高的人，往往比別人更容易擁有較好的自尊水準。其實，它最重要的作用並不在於此，請記住，**任何資本都會日漸消耗，需要定期投資。如果沒有持續主動地繼續投入，我們的自尊終會逐漸變得脆弱。**

鏡像自我

從批評到讚許

一位年輕的女病人說：「永遠都沒法確切知道別人怎麼看待我們。實在很可惜，不然可以讓我們瞭解到很多東西。」

「有時候，我很想知道別人對我的真實看法，如此就能確認我對自己的想法有沒有道理。比如，我很想參加自己的葬禮，聽聽別人離開時到底會說些什麼，這將給我帶來最大的快樂——當我知道自己留給別人好印象的時候；或者使我頗不愉快——當我發現對方看不起我的時候。」

這段話提醒我們，人從來不會憑空做出自我評判。自尊不僅是個人的自我評估，也是對別人給自己的評估進行預期或估計。有些人把這個稱為**「鏡像自我」**（looking glass self）。

我們有時候想說服自己，別人的意見跟我們無關，但是說實話，我們對批評真的如此毫不在意嗎？當然不是，無論批評從何而來，即使沒有太多道理，一點點負面評價，都會在我們身上引發痛苦的情感反應。

這種評判，我們或許一開始覺得它是對的。接著，透過仔細分析，我們才終於擺脫這個評論，對其進行反擊，說：「不，我仔細反思過了，我不同意這個說法。」不然就是與對方拉開距離，減弱其重要性，告訴自己：「這個人我根本不在意，所以我也不在意他的看法。」

這個過程對不同的人來說難度不一樣，對那些具有較高自尊的人來說，批評只是帶來暫時的不快；可是，對其他人來說，批評往往會引發情緒崩潰。

批評很常見，讚許也是，這是開心的事。有人對一群大學本科的女學生做過一次實驗，研究人員以總結評估為藉口，讓一位漂亮的女研究生（漂亮加上聰明會更令人崇拜不已）對她們進行提問，請她們描述自己的優點和缺點。

漂亮的女研究生對其中半數女生表達肯定和鼓勵，在她們闡述自己的優點之後表示贊同：「同意，我也這麼認為。」在她們說完自己的缺點之後，則表示不贊同：「嗯，我覺得妳的缺點並沒有很明顯。」相反地，對另一半女生的陳述，她完全不予評論。結果，面談之後再進行自尊水準評估時，研究者發現前一半女生的自尊水準顯著上升，且持續好幾個小時。

無論你的自尊水準如何，社會或他人的讚許都對你有益，區別就在於這個效果的持續時間：假如是自尊水準低的人，很快又會重新懷疑自己，而那些從積極正面資訊中獲得的益處，很可能轉瞬即逝。

作為社會關係測量計的自尊

◆一切提高社會接受度的東西，都會（小幅）提高自尊水準。
◆一切降低社會接受度的東西，都會（大幅）降低自尊水準。

自尊測量計，還是社會關係測量計？

從以上結論出發，有的研究者毫不猶豫地斷定自尊是一種「社會關係測量計」，如同氣壓計能夠測量氣壓，預報風雨和晴天的機率有多高。

自尊能反映我們對自己受歡迎程度的直覺判斷，我們對自己感到滿意，因為感覺自己以某些方式獲得了別人的欣賞。反過來，我們自尊水準降低，往往是因為不再覺得自己被其他人欣賞。

可惜的是，「社會關係測量計」存在著形式上的問題，比如它傾向於過度顯示自尊水準的下降；自尊水準上升時，反應卻不明顯，因為**自尊對「否定」的敏感度高於對「讚許」的敏感度**。

誠如一位病人曾說：「我的自尊？當我聽到一句讚美，加一分；當我聽到一句批評，減十分。」另一位病人說：「感覺自己被一個群體接受，只能讓我安心一陣子；而每次覺得自己被人排斥，都會自信坍塌、深受打擊。比如，被邀請參加一個派對，我會覺得高興，但我不會高興過頭；若別人辦派對而我沒被邀請，那種極度難過的心情的強烈程度卻相差千百倍。為什麼這樣？也許是我需要感覺別人時時刻刻都喜歡我，認為我是個不可或缺的人。」

有實驗證明這一點。一些志願者被分配一項任務，部分人與一個小組一同完成；一部分的人則要獨立完成。研究人員讓一部分志願者以為「加入小組集體完成」或「獨立完成」任務是集體意志選擇的結果，也就是讓大家誤以為你被這一小組的成員選中，與他們一起完成這項任務；或者是這個小組的成員拒絕和你一起，所以你需要獨立完成這項任務。其他還有一些志願者被告知是隨意分配，透過抽籤決定一些人加入小組，另一些人獨立完成。

結果，研究人員發現，如果告訴被試者加入小組或獨立完成是偶然的結果，被試者的自尊不會受到影響。相反地，如果被試者以為分配是由小組成員決定的，被選入小組會使其自尊水準略有提高；而被小組拒絕，則會對自尊水準造成「嚴重」打擊。

自尊與自我肯定

自尊水準低的人，往往不敢明確表達自己的意見，像是說不、拒絕、當對方與自己意見相左時說出自己的看法等等。

來聽聽四十歲的店主阿蘭怎麼說：「我並不算很靦腆。比如，我會去認識一些新朋友。跟他們相識挺開心的，也會試著與他們常往來。讓我覺得困難的是，當我不得不反對對方，或跟他的意見不同時，我特別不會拒絕別人。若我不想做某件事，往往要糾結好幾個小時才敢說出來。」

「別人也曾向我指出，在討論問題的時候，我永遠同意所有人的所有意見，從來不反對任何人的意見。對於這一點，我自己已經意識不到了。不管怎樣，透過心理治療，我明

別人怎麼做，我就怎麼做

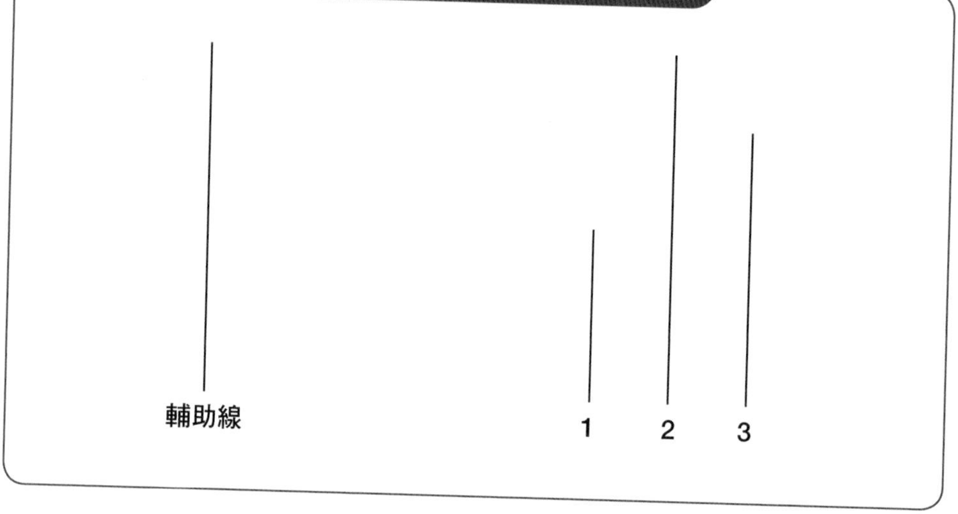

白了這兩件事都與同一個問題有關——我從來不想與人發生衝突。我知道我不能繼續這樣忍下去，別人的意見對我來說總是過度重要，我是個『寄生依賴者』，這是心理治療師告訴我的。」

這種情況有必要練習一些肯定自我的方法。透過習題和角色扮演遊戲，像阿蘭這一類的病人，可以學會肯定和平靜地維護自己的觀點。

請仔細觀察上圖，您覺得哪根線段與輔助線段長度最接近？

相信你一定會回答「線段2」，這答案沒錯。很明顯，對嗎？然而，如果你參加了以下這個著名的心理學實驗的話，可能就不會給出同樣的答案。

在這項實驗中，研究人員要求被試者判斷跟上圖相同的幾條線段之長度。當他們獨立完成測試的時候，不到千分之一的人回答

不安全感與自尊反撲

當我們在實驗中降低受測試者的自尊，故意讓他們在完成所謂簡單任務時失敗，或者讓他們想到自己可能死亡時，我們發現他們會變得更容易批評別人，對於違法行為和侵犯自己文化群體的行為很不能容忍。

同類的實驗也使受測試者更容易發表具有種族歧視色彩的言論。

自尊水準的降低，可能不是引發種族歧視或不寬容行為的唯一原因，但是，只要某種意識形態故意創造相應條件，肯定能促使此類行為發生。

錯誤，絕大多數的人都認為線段 2 就是正確答案。

然而，當受測試者被安排與其他人（這些人實際上是研究人員故意安排的）一起進行測試時，問題就變得複雜了。在前兩次測試中，實驗組安插的干擾者表現正常，也就是說他們也給出合理正確的答案；但在第三次測試中，這些安排好的人則故意地選擇了線段 1 或線段 3，而且搶在受測試者前回答。受測試者此時表現出緊張和為難，其中三分之二的人最終也選擇了與其他人一致的答案，也就是錯誤的答案。

這種**「從眾行為」的主要原因，可能是害怕被其他人排斥**，也就是上文所討論的：這種擔心，促使很多受測試者選擇「別人怎麼做我就怎麼做」，這種害怕與自尊關係十分緊密。

後來，研究人員又進行了一次類似的實

驗，並修改了部分變數。結果證明，從眾行為在自尊水準較低的情況下會更明顯，如當受測試者被安排到一個令其侷促不安、自覺能力不足的環境時（比如與其他特別自信或明顯很熟悉心理實驗室的志願者一起），他們會更加尊重集體的意見。如果向他們介紹其他小組成員時，把這些人描述成專家或更高年級學生，他們會更傾向於選擇錯誤答案。

這個實驗的教訓是什麼？**每次在某個集體當中進行決策時，都要謹慎分析自己的選擇，尤其是集體成員讓你覺得膽怯侷促或懷疑自己時**，你的自尊水準越低，就會表現得越合群，有時候甚至會影響到最簡單的常理判斷。

Issue

「被人肯定」讓你自信提升嗎？滋養自我時，也多給他人尊嚴，做社會心理治療的協助者。

是否應該模仿榜樣？

與理想的距離

這天是聖誕前夜，七歲的保羅打上了領帶，跟爸爸一起到辦公室上班。爸爸在整理文件，保羅則在電腦上「工作」。他的打扮和在辦公室裡見到的所有成年人一樣——「像大人一樣」，為此他感到異常自豪。

他非常崇拜自己的父親，在這個冬季的下午，他感覺自己差不多可以跟爸爸平起平坐了。他的自尊心得到了提升——他模仿自己的榜樣（父親），進一步接近了自己的理想（成為大人）。

一八九二年，威廉．詹姆斯重申：「一個人的理想，會影響他對自己的看法。」他說：「一個人會因為自己不過是世界排名第二的拳擊手，而羞慚得無地自容，他明明贏過了第一名之外的所有人，但這對他來講卻沒有意義。在他眼裡，他自己彷彿毫無地位。相反地，一個打不過任何對手、骨瘦如柴的男人，卻根本不為自己的弱點感到害臊，借用商人的說法，是因為他早就放棄了『在這兒發大財』的念頭。不嘗試就不會失敗，不失敗就沒有遭受羞辱之虞。於是，在這個世界上，我們完全按照我們想成為的樣子，或想要達成的目標來評價自己。」

換句話說，自尊取決於在我們眼中自己「行為與理想之間的距離」——**接近自己的理想時自尊水準偏高；遠離自己的理想時自尊水準偏低。**

邋遢先生與整潔先生

下面這個實驗中的受測試者是尋找暑期工作的大學生。在面試時，研究人員讓學生坐在一個房間裡填寫各種表格，其中包括一個自尊水準的問卷調查。過了一會兒，一個被故意安排的人進入房間，坐在桌旁填寫同樣的問卷。

半數受測試者遇見的這個人整潔乾淨，打開裝有筆記型電腦的公事包，裡頭還有哲學書和其他象徵學識素養的物品，這位就是研究人員安插的「整潔先生」。相反地，剩下的半數受測試者，遇見的是「邋遢先生」，他衣冠不整、鬍子拉碴，懶洋洋地趴在桌子上，旁邊還放著一本不入流的色情小說。

在「邋遢先生」和「整潔先生」出現之後，研究人員讓大學生再次填寫表格，其中還是有一份自尊水準問卷調查。比較前後兩次問卷調查填寫的結果是：「整潔先生」提醒人們自己距離社會精英的理想還差得很遠，令受測試者的自尊水準直線下降；而「邋遢先生」則讓人覺得其實自己並不是很糟糕，自尊水準明顯上升。

榜樣與反面教材

人生中極少有人能達到自己全部的理想，但某些人有時候會被我們視為榜樣。**與適當的榜樣交往肯定會讓人受益，只要我們與他們之間不存在競爭關係。**透過模仿他們的全部或部分能力，心想：「我也是可以像他一樣試試。」我們能提高自己的才幹和自尊。

「反面教材」也能幫助我們提升自我感覺。一位女病人告訴我們，反面教材教給我們什麼不該做：「我多年來一直生我母親的氣，她令我很惱火，我覺得她很不成熟。實際上，我以前對她很失望，她不是我想要的那種模範母親，童年時她偶爾有點母親的樣子，但大部分時候卻都不像個母親。真正問題在於，這種感覺很自私，當我想到『我是她的女兒，我肯定跟她有那麼幾分相似』，就有點看不起自己。」

「後來我明白了，母親永遠不會變，只有我自己改變才行。所以，我開始試著多欣賞她的優點，對她的缺點多一點寬容。當她做了一件讓我生氣的事，我不會發脾氣，而是問問自己有時候是否也會犯這種錯，然後盡量改正。」

我們對反面教材的評判，僅僅是為了讓自己得到心理安慰！讓自己相信我們周遭的人在某些方面，看起來不如我們。得出這種結論（或對或錯）是一種提升自尊水準的實驗性手段，正如常言道：「比上不足，比下有餘。」

對於自尊來說，最理想的方式是培養出兩種視角：往下看讓自己安心，往上看激勵自己努力。

也是因為這個原因，有一些體育項目，會將選手分成不同的等級來進行比賽，這樣可

正常與病態的理想

正常理想	病態理想
我希望……	我非得……不可
非理想化的理想:「 如果做到了當然好，但那樣也不能保證解決一切問題。」	理想化的理想：「 等我做到了，一切都會好得不得了。」
可以接受達到部分目標：「 我能得到我想要的一部分東西。」	要麼是得到全部，要麼什麼都沒有 「我必須得到我想要的一切。」
如果沒有實現理想：失望，但自尊能夠從打擊中恢復過來	如果沒有實現理想：抑鬱，自尊遭受持久的傷害

以讓每一個人都品嘗到勝利的滋味，同時偶爾能感受失敗帶來的益處，給自尊進行微調。

當理想變成陷阱

理想是我們前進的動力，但有時候理想會變成陷阱，精神科醫師稱之為「理想病」。

正常與病態之間的分界線是什麼？當我們的理想與榜樣變得過於刻板、要求過高，理想就成了一種病。

精神分析師因此提出「理想自我」的概念，指的就是一心想接近自己理想的意志，所塑造出來讓人無法擺脫的願景。

一切關鍵都取決於「我希望」和「我非得……不可」之間的不同心態。以「希望成為獸醫」來舉例的狀況是：我會盡一切努力實現我的目標，但也能接受從事另一個職業的可能，比如發現專業學習對自己來說太難，或者發現自己其實並不喜歡這個職業。

硬要！自尊中的固執

史考特．費茲傑羅在《大亨小傳》中，講述了二十世紀初一位神秘而優雅的美國百萬富翁傑．蓋茲比的故事。蓋茲比本是美國中西部一個貧困農夫的兒子，物質上的渴望，使他得以躋身富豪之列。他一心想娶南部富家女黛西為妻，然而黛西已經嫁給傲慢的世家子弟，情感上理想的破滅，最終導致了他的悲劇死亡。

為了征服黛西的心，蓋茲比曾經拚命炫富，令絕大多數出身比他好的鄰居嫉恨不已，暗地裡嘲諷他不過是發了財的暴發戶，不像他們是繼承家產。

但如果狀況是「我非成為獸醫不可」，因為家裡世世代代都從事這行，萬一我沒能實現這個目標，我的自尊就會受到嚴重打擊。為了避免這種痛苦，此人很可能會發狂似地做出無謂的犧牲。

王爾德說：「人生有兩大悲劇——得不到自己想要的和得到了。」擺脫理想的支配並非易事，主要因為理想有時候是對自尊在兒時曾受到傷害的一種補償，童年時不被父親看重的感覺，會促使人長大後變成拚命工作、一心想成功的商人。認識到自己的理想是什麼，往往是讓自己降低目標的第一步，這也是很多心理治療的目標。

Issue

自尊問題並非完全家族遺傳，當父母不平衡時，你仍可自我操控。

PART 3

如何維護和修補自尊

第 9 章

自尊方面的疾病

我不知道還有誰比我更無用，更一無是處。

——喬蘭

Les maladies de l'estime de soi

憂鬱症

我看不起自己，是不是得了憂鬱症？

一位女病人告訴我們：「我的問題就是我一點都看不起自己，不喜歡我自己，這讓我感覺憂鬱。我不信任自己，這讓我有心理障礙。我不尊重自己，不會把任何好建議付諸實踐。不順的時候，我不想付出哪怕只是一點點努力來擺脫困境。相反地，我發現我會滿足於自怨自艾。順利的時候，我堅信一定好景不長，如果不做出點實實在在的事，一切一定是個錯誤。我對未來根本沒有信心，生活中的方方面面都是如此，憂鬱症、焦慮、酗酒，這所有的一切，都是因為我不愛自己。」

很多心理問題與自尊相關，自尊可能引發各種心理失調（比如各種情結），或令情緒持續紊亂（比如憂鬱症），或導致病人面對社會評判時感到極為羞愧（比如酗酒）。

面對人生考驗，每個人都有發生憂鬱的可能。這個可能性的大小，是否與自尊水準的高低相關？哪種人的風險最大？

說起來，最有可能的一種是**「穩定型低自尊」的人，長期心態消極，也不努力擺脫困境，導致他們罹患憂鬱症的風險極大。**

另一種是**「不穩定型高自尊」的人，因為他們總是在努力維持自己的地位和形象，面對失敗和別人的排斥時十分脆弱**，有時候會令他們自信崩潰。

當然，低自尊，尤其是**「持續穩定的低自尊」，與憂鬱症非常接近**。但這兩者之間存在的最大的差異，就在於憂鬱症是一種疾病，而低自尊只是一種心理特徵。

儘管雖有差別，但兩者往往關係密切。低自尊其實是所有憂鬱症的共同症狀。美國作家威廉·史岱隆（William Styron）飽受了嚴重憂鬱症的折磨，他曾在《看得見的黑暗》（*Darkness Visible*）中清楚地解釋了兩者之間的關係：「憂鬱症的表現多樣，包括生理的和心理，其中最為普遍常見的症狀就是憎恨自己，或者說得婉轉一點——缺乏自愛。你會隨著境況的惡化，愈發覺得自己是無用的廢物，感覺不堪忍受。」

人生階段風險因素

青少年時期的低自尊，有可能導致成年時罹患憂鬱症。而當一位孕婦的社會地位和自尊水準較高時，產後得憂鬱症的風險會低很多。一項針對六百三十八名孕婦所做的研究指出，**自尊低的孕婦，患上產後憂鬱症的風險高很多。**

在部分情況下，**患憂鬱症的風險也有可能遺傳；但多數仍為家庭、父母親造成的氛圍和傷害所導致。**

憂鬱的母親往往會向孩子傳達更多負面資訊、悲觀想法或批評。因此，她們孩子的自尊水準經常低於那些父母未曾患過憂鬱症的孩子。

反過來，擁有較高的自尊水準的人，在生活中遇到逆境（比如父母離婚）時，更能夠自然產生保護自己心靈的作用。

當症狀加重且長期持續

患上憂鬱症之後，自尊水準下降越大，病情越嚴重，如果沒有得到恰當的治療，會長期持續並惡化。如果病人不愛自己、不行動，認為自己永遠不可能恢復如初，他就會充滿負面情緒，加上他們通常極少得到鼓勵、肯定，需要擔憂的問題太多，憂鬱症更是無法靠自己痊癒。

有研究證明，患輕度憂鬱的人，仍會想尋求他人的肯定和看重，至少在他們平時擅長的領域中，他們仍希望成功；而在其他領域，他們則「喜歡」得到負面評價。不管怎樣，如果憂鬱症患者仍能關注來自別人的正面評價，這是個好現象。

導致憂鬱復發的原因

如今，憂鬱症被確診為一種容易復發的疾病，經歷過憂鬱的人，在後續一段時間內仍會顯得比一般人脆弱。第一次病癒之後，如果病人的自尊依然處在低水準，就算表面看起來已經好轉，復發的可能性仍然很大。

憂鬱症風險較高的人格

	社會獎賞型	自主型
定義	有很強烈獲得他人關注和鼓勵的需求	有為達目標，不受他人控制或阻攔的需求
促發憂鬱事件	感覺自己被別人批評、被人排斥	遭受失敗，受制於他人
對自尊的影響	懷疑自己被他人接受的程度	懷疑自己控制局面的能力

一路滑落幽暗深谷

自尊降低，會從什麼時候開始演變成憂鬱？這中間既有「量變」又有「質變」。量變指的是病人精神痛苦的程度，以及行動力喪失的嚴重程度；質變則是觀測病人厭惡自己、甚至想自殺的傾向是否加劇。

有研究人員試圖透過實驗，釐清是不是某些特定事件更容易引起憂鬱症復發。實際上，對不同的病人來說，引發憂鬱的事件並不完全一樣。

憂鬱症心理治療領域的知名作者亞倫．貝克（Aaron T. Beck，美國精神病學專家）就曾提出以下假說：有兩種類型的人格，在生活中遇到某些事時容易憂鬱，即「社會獎賞型人格」和「自主型人格」。

可以想像，當這些容易患病的人，在生活上遇到令人鬱悶的事件時，自尊水準必然會先受到影響。我們前面已經知道**「社會接受度」**（感覺自己受人喜愛）以及**「有效、自由行動的能力」**（感覺自己能力足夠）是自尊的兩大基石。

治療恰當的話，大部分憂鬱症其實都能逐漸痊癒。醫生所開出的抗憂鬱藥物，對憂鬱發作的病人療效很好。但是多項研究似乎指出：**在藥物治療的同時，接受相應心理治療的憂鬱症病人，其復發比例比僅進行藥物治療的病人還低。**

是否因為心理治療能使憂鬱症病人提高自我效能感和自尊水準？有可能，但目前尚未被證實。不過，已有越來越多的精神科醫生團隊，開始關注憂鬱症病人的「自尊」問題。

Issue

習慣消極看待事情，將導致自尊水準低落且穩定化。

憂鬱症與低自尊的區別

低自尊特徵	憂鬱症徵狀
持續狀態	與之前的狀態不一樣，有變化
人格特點	疾病
精神脆弱（鋸齒狀心率模式），對有利形勢無反應	病態的哀傷：持續而強烈
行動力障礙：沒有自信、一再拖延、不滿意	極度無力採取行動：沒有欲望，沒有快樂，不堪忍受
沒有特殊的生理問題	生理問題：沒有胃口、失眠、行動緩慢、虛弱
難以讓別人看重自己，傾向於順從	自己貶低自己，沒有真正來由的罪惡感
沒有死亡和自殺的想法	有時候想到死亡和自殺
沒有智力方面的問題（或者僅僅是病人主觀認為有問題）：注意力和記憶力正常	智力方面客觀存在可測量的問題：注意力和記憶力出現問題

自尊偏差

躁鬱症的自我膨脹

前文談到「憂鬱症」，其實說是「各種抑鬱情緒類疾病」會更準確，因為抑鬱情緒病有很多種不同的形式。其中一種叫「躁鬱症」，又稱「雙相情緒障礙」，病人的情緒會呈現兩種極端：有時候病人出現典型的憂鬱症症狀；有時候又表現為躁狂，自我膨脹、狂妄自大。而在兩種症狀發作的間隙期，病人行為表現正常。

美國精神科醫生凱．雷德菲爾德．傑米森在自傳中，以驚人的筆調描述了自己親身經歷的雙相情緒障礙：「躁鬱發作時，感覺非常奇妙。各種念頭和情緒像流星一般迅速劃過腦際，追逐那一顆顆流星，又一次次放手，還會找到更璀璨的星星。靦腆不見了，該說的、該做的都手到擒來。內心很篤定地知道自己能牢牢吸引別人的注意力……渾身上下有一種駕輕就熟、強烈、充滿力量、幸福、充實和欣喜的感覺，深入骨髓。」

可以想像，這樣一種極不尋常的「超高自尊」，會使病人以為自己全能，令其失去現

躁鬱症診斷指標

- 自尊水準升高、妄自尊大。
- 睡眠時間縮短。
- 想不停地說話。
- 過度沉溺於愉快的活動中，但這些活動可能會招致損失（衝動購物、隨意豔遇、不合理的商業投資等）。

實感。可歎的是，躁鬱發作的過程很短，接下來必定出現憂鬱發作，躁鬱情緒越強烈，憂鬱情緒就越嚴重。

為什麼會躁鬱發作？原因尚不清楚。似乎有理由相信某些生理現象與躁鬱症有關。精神分析師們提出了以下這個有趣的假說：躁鬱狀態可能是病人在無意識地對抗憂鬱傾向；躁鬱發作，可能代表病人在絕望地反抗越來越強烈的憂鬱情緒。

用鋰鹽和其他情緒調節藥物治療，可以使病人的症狀得到顯著的改善。

我們非常驚訝地發現，很多躁鬱症病人有時候會懷念自己躁鬱發作時的某些感覺，因為躁鬱發作時他的自我感覺特別良好。

傑米森說：「如果讓我選擇，我常常自問是否願意維持躁鬱的狀態。如果得不到鋰鹽，或者鋰鹽對我不起作用，回答是『絕對不』。畢竟是因為鋰鹽對我很有效，所以我才有思考這個問題的餘地。奇怪的是，我覺得我可能會選擇不治好躁鬱症……」

患者在躁鬱發作時，體會到完滿之感和完美無缺的自尊，也許可以解釋他的這種矛盾心情？

自戀者過高的自尊

「自戀型人格」是另一種心理失調，症狀特點是堅信自己比其他人優越。自戀者的自尊水準顯得特別高，甚至過高，因為他們一點也不謙遜，往往招致身邊人的反感。

我們常常想，這些自戀者的自尊水準可能並非真的過高。因為這種人中有不少總想抬高自己，這種想法實際上反映了一種害怕被人輕視的世界觀：「如果不被人讚賞，我就沒有價值」或者「如果我不奮力爭取別人的肯定，別人就永遠看不見我的能力」。

自戀行為，實際上反映出自戀者對自己的價值有一種不安全感。目前雖然尚沒有針對自戀起因的研究，但推測有可能源於自戀者父母給予他的一種「過度肯定又不負責任」的教育方式。

正如一位女性所述，她的父母是做電影的，本身也是自戀型人格：「從小到大，我聽到的都是這些話：『你值得擁有最好的』、『你可不能跟那些平庸之輩來往』。同時，我的父母忙於事業，根本不管我們。我們只能偶爾見到他們，很明顯地感覺他們事務纏身，我們幾個孩子只不過是其中一樁。」

「對自己的懷疑，我到現在都記得很清楚。還有對父母的懷疑：『我值得他們愛嗎？』對學習的懷疑：『我能學好這門新的課程嗎？』對友情的懷疑：『和我交往愉快的女孩，會不會有一天因為我的性格不好棄我而去？』我懷疑一切，但我總是反覆壓抑這種焦慮。

自戀型人格：精神科疾病診斷指標

- ◆ 自戀者習慣過度誇大自身重要性、高估自己的成就和能力，即使未有成就，也期待別人承認他才能出眾。
- ◆ 幻想無限的成功、權力和榮譽。
- ◆ 自戀型人格認為自己非常特別、獨一無二。在他眼裡，只有高層次的機構和個人才能認可和理解他。
- ◆ 極度渴望受人讚賞欽佩。
- ◆ 一切都是他該得的。
- ◆ 態度及行為傲慢、高高在上。

後來，我患上了濕疹、失眠、哮喘……這一切都是為了吸引父母的關心，但他們只是滿足於讓保姆帶我去看最著名的專科醫生。

「在大人眼裡我是個非常聰明出眾的孩子，我意識到當我刻意表現的時候，父母會引以為傲。所以我總是一副小明星的樣子。我也看出來了，他們喜歡看我這樣，是因為他們覺得在我身上看到了他們自己的影子。」

「問題是，我漸漸地對這一切習以為常，根本意識不到存在的問題。直到去年前夫跟我鬧離婚時，毫不留情地指責我，還有做了這個心理治療，我才認識到自己的問題。」

幫助自戀型人格者改變，對治療師和自戀者本人來說都會是一個大工程，得分成好幾個步驟進行：

一、意識到問題的存在。

二、有改變的意願。

三、放棄控制與自吹自擂的態度。

治療師要發揮的功能，表面看來是要降低而不是提高病人的自尊水準，實際上卻相反，治療的目標其實是要增強其自尊，使其更穩定，並且不再過度貪求或依賴別人的尊重和地位的證明。

情結

揮之不去的執著

一名女病人說：「當我被邀請去參加一個派對，我得提前很長的時間做準備，非常焦慮緊張。我會超級仔細地化妝，掩蓋皮膚上的瑕疵，一般要花上一個多小時，不能有任何人打擾。」

「參加晚會的時候，我必須去好幾次洗手間，確認我的妝容沒有花掉，而且我不想讓別人發現。我總是試著在別人的目光中讀出他們對我的臉的看法，生怕他們看出我臉上的痘痘和痘疤。」

「如果有男士向我獻殷勤，我會非常緊張。害怕他盯著我看的時候，會發現妝容下掩蓋的缺陷。所以，我會故意顯得不討人喜歡，這個時候我通常不得不離開派對，無法繼續忍受下去。獨自回家後，我便鬆了一口氣。但是當我意識到自己整晚都在提心吊膽地擔心這個事情，又感覺極其鬱悶。」

「有少數幾次我硬逼著自己喝了點酒，才能不老想著這件事。可是酒讓我全身發熱，我覺得加重了我的皮膚問題。我怕喝多了以後變成酒糟鼻。那就糟糕透頂了！」

從情結到軀體變形障礙

「情結」這個詞，嚴格來說並非精神疾病的診斷結果。實際上，當病人向我們訴說他們的「情結」時，他們通常都堅信自己有某種身體缺陷，如：鼻子的大小或形狀、胸部、個子太高或太矮、體重、皮膚等，或者其他缺陷如：口吃、口音、文化、學歷等。

他們把自己在生活中遭遇的種種困難，都歸結於這些缺陷：「我得不到愛情，是因為我長了個奇怪的鼻子」、「我得不到提拔，是因為我個子太矮」諸如此類。同時，他們認為當這個臆想的缺陷一消失，自己的人生就能得到很大的改善：「假如沒有這麼難看的鼻子，我就會一切順利。」

不管旁人怎麼說，他們都不肯相信，哪怕只有他自己一個人覺得他有缺陷，他還是會堅持：「他們說的都不對，他們沒意識到。」他們的自尊水準極低，感覺自己整體低人一等，總是不停照著鏡子，或想辦法修飾和掩蓋自己的缺陷，即使那只是臆想的缺陷。

這種情結，經常源於一種相對的事實：這人的鼻子確實有點長，或個子確實比同齡人矮。但是，具有這種情結的主要問題，是對於這個缺陷的過分重視，以致把它當成一切的重心。這一點在那些容易臉紅的病人身上特別明顯。一個激動時容易臉紅的人，和一個害怕臉紅的「赤面恐懼症」患者之間的區別，在於後者把臉紅變成了一種「情結」；而前者覺得臉紅挺讓人煩惱，但不至於像天塌下來那麼可怕。

最嚴重的情結，應該是精神科醫生所說的「軀體變形障礙」，患者害怕自己身體變形。這種「變形」往往是病人臆想出來的，然而，心理上的痛苦卻是真實存在。軀體變形障礙是一種令人失去行動力的精神疾病，與強迫症可能屬於同一類。患者總是不停地想著自己的樣貌，無法擺脫這些念頭，導致他們得反覆檢查自己的外表。

一個年輕女子堅信自己面目可憎，她說：「我最大的願望就是變成隱形人，誰都看不見我有多醜。我最大的恐懼是別人覺得我太難看，嘲笑我。」就像其他得了這種病的人一樣，這位年輕女子花很多時間不停地照鏡子，被人注視的時候感到極度地尷尬，總是避免參加大多數的社交活動。

如何擺脫情結？

目前精神科醫生和心理學家對情結的研究還比較少，大概是因為受情結之苦的人往往不願聲張。那些有情結問題的人通常默默忍受，極少與旁人談及，甚至不對醫生或治療師提起，他們會找皮膚科醫生、整形醫師和美容師。可惜如果是嚴重的情結問題，找這些人往往徒勞無功，就算進行了整形手術，問題還是沒有解決。新整出來的鼻子並不是他想要的樣子，或者整容痕跡太明顯，情結仍然存在——針對身體的同一部分或其他部分。

對那些堅信自己的想法有根有據、「問題並不僅僅在腦子裡」的病人進行心理治療並非易事。在治療過程中有時候會看到，病人自己的看法轉變先於他所認為的他人看法：

「行，我接受我自己的樣子，但我還是覺得別人認為我醜。」

一位二十四歲男大學生認為自己的手長得太小，他覺得，手太小會讓他認識的女孩以為他的陰莖也很小。在第十次行為治療時，他個人的想法已經有了顯著的變化，但他還是懷疑其他人不這麼想。我們可以看出，在自尊這個問題上，「他人的看法」影響很大。

治療軀體變形障礙，有時候需要使用抗憂鬱藥物，即使病人並沒有嚴格標準上的憂鬱症症狀。抗憂鬱藥物似乎可以直接影響病人，使其跳脫出來，看待自己過於執拗、影響正常生活的種種想法。

Issue

改善精神疾病，以「心理治療」為主，「藥物」為輔。

酗酒

酗酒星球

在《小王子》中，安東尼．聖修伯里描寫小王子某天遇到一個非常不幸的人：那個星球住著一個酗酒者，儘管逗留時間很短，卻讓小王子陷入了深深的憂鬱之中。

「你在這兒幹什麼？」小王子問酗酒者。

「我在喝酒。」酗酒者回答道，神情很悲哀。

「你為什麼要喝酒？」小王子問他。

「為了忘卻。」酗酒者回答道。

「忘卻什麼？」小王子覺得他很可憐，追問道。

「忘卻我感到羞愧。」酗酒者垂下了頭。

「你為什麼感到羞愧呢？」小王子很想幫他。

「因為我酗酒！」酗酒者說完這句話，便徹底沉默。

酒精往往對那些自尊低的人構成一種誘惑，酒精喝下去，起初確實令人欣喜快樂、使人放鬆、抑制解除，這些虛幻短暫的幸福感和行為自如，正是這些自尊低的人所缺少的。這也說明為什麼戒酒很困難。

酒精，十里迷霧的花園

酒精能使人暫時忘卻對自己的負面評價。

人對自己的看法越是負面，越是想要忘記失敗，越容易嚮往酒精。納粹集中營的醫生要挑選沒有勞動能力、送進毒氣室的囚犯時，往往是在飲酒之後，或者透過事後喝酒來使自己擺脫罪惡感。

然而，沒有研究證明酗酒和吸毒的青少年，是否都覺得自己一無是處，或無法掌控自己的人生。

酒精具有強大的「解除抑制」作用，讓人更容易採取行動。

我們知道低自尊的人行動力很差，他們平時喜歡前思後想，而酒精能使他們「看不清」即將發生的未來。也就是說，酒精可以阻止他們在行動之前，因為「拚命想像採取某種行動可能帶來的後果」而過度焦慮。

一項針對美國某一校園性侵案件的調查顯示，八十%的犯罪者和七十%的受害者在性侵發生時，都處於醉酒狀態。

飲酒行為高風險日

飲酒經常與許多群體活動聯繫在一起，像是節日、家庭聚會、朋友聚會。低自尊的人在這種情況下，更容易從眾飲酒，因為他們特別小心地遵從群體中的規則。有研究顯示，青少年在派對中往往會高估朋友的飲酒量，因此自己會喝得比平時更多。

酗酒導致憂鬱

某些研究認為，九十八％的酗酒者，在人生的某個階段會發生憂鬱。以前人們總認為，酗酒者因為憂鬱所以飲酒，但這個假設並沒有被大部分的研究所證實。今天我們認為他們的憂鬱是由酗酒引發的。

酒精導致憂鬱發生的機制有幾項：

一、**生理機制**——神經遞質紊亂導致生理依賴。

二、**社會機制**——羞愧感與社會排斥。

三、**心理機制**——自尊降低。

借酒澆愁？沒人成功過

大部分長期酗酒者自尊水準都偏低。一位女病人曾在信中向我們傾訴她的痛苦，摘錄如下：「我為自己現在這個樣子感到羞愧，早晨醒來的時候，我不敢照鏡子。但我不能不去想鏡子裡那張我不願面對的臉，別人天天看到的那張臉：一個未老先衰的女人，皮膚粗

嗜酒：自尊崩塌的的信號

自尊喪失的警示訊號，就是酗酒問題。如果你強烈地感覺到自己有以下這幾種感覺時，你需要考慮一下自己是否已經進入危險地帶：

- 想要借酒澆愁。
- 飲酒之後自覺低人一等或有罪惡感。
- 為自己喝醉酒時的言行感到羞愧。
- 飲酒之後想逃避家人和朋友。

糙、雙手顫抖，拚命用香水和化妝品掩蓋難看的臉色和難聞的酒氣。想到自己，我就是覺得羞恥，所以盡量逃避，逃避的辦法往往就是繼續喝酒。多年來，我對我愛的人總是避而不見，因為我無法忍受他們看我的目光，乃至對我說的話。」

然而，有的研究結論似乎與之矛盾，認為酗酒者擁有較高的自尊水準。原因也許是酗酒引發的羞愧感，致使他採取否認和注重儀容的態度，對外維持著高自尊水準的形象。

在任何情況下，酗酒者的自尊都很不穩定。在不同的時間，尤其是在不同的酒醉程度下，酗酒者的說法總是在「否認」（沒那麼嚴重吧……）和「絕望」（我永遠都不可能走出來了……）之間搖擺。可惜，任何一種態度都不是擺脫困境的有效辦法。

酗酒者如何才能恢復自尊？

酗酒是一種很難治癒的病，病人和醫生都容易失去繼續努力的勇氣，因為酗酒會一再復發。這就是為什

酗酒：抑鬱還是自欺

	自尊崩潰時的態度	維護自尊時的態度
是否承認嗜酒	絕望：「我這輩子都離不開酒精了。」	否認：「我想戒的時候就會戒掉。」
別人對其酗酒的看法	羞愧：「我喝酒是不對的。」	藐視：「豈不是不能享受生活了……」
酗酒的責任	罪惡感：「都是我的錯。」	指責別人：「我父母把我折磨得太狠，而他們現在又拋棄了我。」

麼除了使用藥物和心理治療之外，我們還建議酗酒者加入由戒酒成功的人組成的「匿名戒酒互助會」，這樣的協會在幫助酒精依賴者抑制酗酒的衝動。

如果我們認真研究一下這些協會的方法，會很快發現它們之所以能產生較好的作用，主要得歸功於對低自尊者的心理和需求有良好的掌握。比如，群體的大力支持，使酗酒者必須做巨大努力時不感覺孤獨；認識到酗酒是一種病，也可以避免某種程度上的自我貶低。

循序漸進的努力非常重要：匿名戒酒協會要求協會成員以二十四小時為單位一步步來努力——「一次戒一天」，要知道低自尊的人很難制定長期計劃，這樣以一天為單位，即使一次失敗也不會那麼地令人氣餒。他們同時鼓勵酗酒者提高對自己的認識，匿名戒酒互助會的名言是：「我們勇敢而仔細地總結了自己的品行。」

心理創傷

侵害——從生理到心理

治療侵害行為的受害者時，我們常常驚詫地發現他們的自尊通常被徹底動搖。在治療中，受害者總是有羞愧和恥辱的感覺，比如性侵案件：「我被玷污了，這輩子都洗不清。」和暴力侵害案件：「我本該更激烈地反抗……」，或者災難倖存者（倖存者症候群）：「為什麼我還活著，而其他人都死了。」這種羞愧感會導致他們陷入長期的痛苦，比如使他們離群索居，不再與別人談及自己的問題，或者讓他們感覺自己和別人不一樣，無法被人理解等等。

我們通常認為「心理創傷的強度」與「歷經威脅的嚴重程度」成正比，但有時候對自尊的打擊，比對肉體的傷害更嚴重。

在針對巴黎公車司機所遭受的侵害研究中，我們很驚訝地發現一個十來歲男孩的一句辱罵或一口唾沫，對司機造成的傷害，甚至比成年乘客對他造成的身體侵害更嚴重：前者的挑釁對他們的自尊造成的打擊，大於與後者發生的口角。

在家庭暴力案件當中，也能得出同樣的結論：被丈夫毒打的女性，其自尊水準總是低於「與其社會地位相同、但未曾遭受毒打」的女性，原因可能是低自尊導致這位妻子能忍受一般人不可忍受的家庭暴力；而長期的暴力和羞辱，更進一步打擊低自尊，並使自尊水準越來越低。

邪教！小心

心理學與個人發展，正逐步被一些邪教利用為騙人的武器。實際上，邪教越來越常利用心理學，以所謂的「深度人格解讀」或「精神再強化」培訓為名，吸引潛在的信徒。這些邪教老信徒的證言很清楚地表明，邪教巧妙地利用那些慕名而來的人的自尊。一位擺脫邪教山達基（Scientology）控制的女性所寫的書裡，也有很清晰的描寫：

- 以「免費人格測試」為誘餌，邪教聲稱能解答信徒關於個人身分的懷疑。
- 「人格解讀」確認受測試者對自我有所懷疑，藉由提供解決方案吸引人：先告訴你你有問題，接著說山達基有辦法解決。
- 要上鉤的人加入一個關係緊密的小組，與外界隔絕，讓人感覺自我價值提高，覺得自己不再默默無聞。山達基讓信徒有一種打入精英圈子的感覺。
- 邪教的新成員們，往往會獲得行動的欲望，但僅限於在群體當中並依靠群體的積極支持，令他們完全依賴於群體，像是灌輸：「你真的取得了進步，漸漸克服了靦腆，敢當眾發言，能夠做很多事情，但永遠是在邪教的幫助之下。」

如果你希望在提升自尊的過程中獲得幫助，要多留心，不要受愉快的表面印象誘惑，而被完全控制。**在任何情況下，培養自尊都不能以「放棄自己選擇的生活、放棄與朋友和親人的來往」為代價；也不能以「限制你的自由」為代價。**如果你有疑慮，一定要問問身邊的人或者心理健康專業人士的意見。

有毒的父母

偷走童年的人

長期以來，精神病學指責父母養育不善，導致兒童患上「精神分裂症」和「自閉症」。但現在我們已知道，這些疾病受到教育或親情的影響較少，主要源於多種起因的生理機能障礙。

相反地，對自尊而言，父母的作用確實非常大。**導致孩子出現自尊問題的最主要原因，的確是父母教育無方。**然而在一般情況下，父母在教育上的缺失，對孩子自尊的損害其實是有限的，它們可能帶來痛苦和磨難，但並不一定會對成年之後的心理平衡產生嚴重後果。

不幸的是，確實存在一些真正「有毒」的父母，如數年前的一本美國暢銷書《父母會傷人》（*Toxic Parents*）便為我們揭露了一系列可怕的父母形象。這些「偷走童年的人」的共同點，就是嚴重地損害了受害者的自尊。以下列出幾類「有毒父母」的典型。

事事控制型父母

這種濫用家長權威的父母，認定只有他們才知道對於孩子來說什麼是好的，不給孩子任何自主權利。如果孩子試圖反抗，他們會令他產生罪惡感，或用情感來要脅：「我是為了你好。」即使長大成人以後，孩子仍舊受到來自父母的壓力，對他的日常行為和人生選擇處處橫加干涉。

這種父母對孩子自尊的影響很明顯，孩子直到成年之後，都會認為自己沒有父母就不能做成任何事情，很可能從「依賴父母」變成「依賴配偶」。聽聽四十二歲的繪畫老師弗朗索瓦的講述：

「我花了十八年長大成人，花了四十年才擺脫我母親的影響！還是吃了好幾年的抗憂鬱藥物、進行心理治療才成功的。我心想，我人生最大的悲劇也許是身為獨子，母親全部身心始終都是為了我，這是一種考驗。」

「比如，她幫我買衣服，每天早上，按照天氣預報幫我選好該穿什麼。我想反抗時（我很少這麼做，但到了青春期，我開始對外表打扮有了自己的一些想法），她總是跟我說我完全沒有品味，太容易被人影響。後來，她還限制我出門和朋友往來。不管白天、晚上，隨意進出我的房間，查看我的信件。」

「在感情方面，我一直沒有跟人交往過，一想到要面對母親理所當然的拷問，我便失去了勇氣。我找到工作之後，儘管已經有了工資收入，她仍執意要求我還是住在家裡，我也照她說的做了。這麼多年一直被她灌輸我沒有獨立的能力，我信了。最要命的是，她一面處處鉗制我，一面批評我不夠成熟、猶豫不決、脆弱……當我決定離開家獨立生活，她又用盡一切手段阻止：威嚇、要脅、自殺、住進精神病院、打電話或在街上找我大吵大鬧，但是我不為所動，我一點都不後悔。」

酗酒茫醉的父母

這種父母讓孩子承受他們起伏的情緒，從消沉到充滿敵意的大起大落。因為他們自己患病，沒有能力顧及孩子的需求和心態。他們那種極度脆弱的形象，乃至身體和精神上的衰敗，都使孩子自尊變得很不穩定。

正如一位女病人所說：「看到我母親那個樣子，我怎麼可能覺得自己是個不錯的人？一分鐘也不信。」父母如果酗酒，孩子有時候會為父母的病態而感到自責：「他發脾氣，也許是因為我的錯。」「他喝酒，可能是因為我讓他不高興。」

如果父母有一方酗酒，家庭情感及教育環境，在孩子眼裡看來往往混亂無序——他們無法預知酗酒的那一方，對於他們的行為會做出什麼樣的反應。有時做錯一件事可以被容忍，甚至博得父母憐愛；但有的時候，即使默不作聲，仍會惹得酗酒生病的父親或母親大發雷霆。孩子無奈的心聲是：「我們心裡清楚，有些晚上，不管做什麼，只是露個面也會引發一場爭執。」父母酗酒的家醜不可外揚，更加增強了他們的羞恥感和對成人世界的不信任感。

儘管如此，有一部分孩子仍能夠在這種毀滅性環境中倖存。研究表示：有大約二十%的孩子，能夠建設自己的心理，保護好自尊，透過對環境的超強控制策略，成為早熟而獨立的小大人，不僅學業成績好，還能獨立自主。

但是，這種「超強的自我拯救辦法」引發的問題，可能在他們成年以後才會體現出來，比如這位年輕女人就告訴我們：

「我的公公酗酒。我覺得我丈夫之所以能挺過來，是因為他小時候把自己變成了『小大人』。很小的時候他就開始照顧父母，因為他母親患有憂鬱症，他經常在放學回家時，看到母親躺在黑暗中，家裡亂得嚇人，父親則在酒館裡喝酒。他一個人照顧妹妹、打掃房間、做作業。等父親一回來，他就得想辦法保護大家，因為會大吵大鬧，有時父親的拳頭會像暴雨一般砸下來。」

「我剛認識他的時候，他跟我談過一次這些事情，然後再也不提起了。但我看得出來小時候的這段經歷，給他打上了深深的烙印。現在他仍然著了魔似的要讓一切東西井井有條，像是透過『控制一切』來安撫童年留下的焦慮情緒：帳單都付清了嗎？孩子們的作業都做了嗎？家裡有什麼要修的東西？等等。」

「他是個好爸爸、好丈夫，但他缺少幻想，他跟我和孩子在一起時從來不放鬆。我批評他這點的時候，我覺得他完全不理解我的意思。後來，慢慢地，我試著教會他『自然而然、無憂無慮』的感覺。很不容易！」

言語虐待的父母

這類父母擅長貶低孩子，用殘酷的言語批評他們的錯誤、弱點甚至他們的體貌特徵。更具傷害滲透力的是用冷嘲熱諷的方式，評論孩子的各種表現。這些言語上的虐待常針對以下幾種情況：

一、孩子偏離期待時

孩子表現出任何偏離父母期待的態度或行為，都會受到嚴厲的砲轟。對孩子自尊的影響是：孩子將記住最好遵從別人的期望，他心裡的新想法和個人願望都應該忘掉。

二、威脅到父母的權威

當孩子的態度威脅到父母的權威時，受到的辱罵將升級，變得更惡毒。尤其是到了青春期時，這種母親會看不得女兒變得嫵媚、漂亮、吸引人；這種父親會覺得兒子高大的身材和體育方面的成績對他是一種威脅，或者嫉妒兒子對女性的吸引力。

三、看不順眼的任何事

這種父母隨時可能對孩子言語虐待，也許直接貶低孩子，或以間接諷刺的方式表現，對孩子提出完美主義的苛求，而且永遠不滿意。這使他們的孩子成年之後自尊極其脆弱，對別人的評語極度敏感。

體罰孩子的父母

這類父母，出於各種原因，一般是因為他們自己缺乏愛，無法控制暴力虐待孩子的衝動。與酗酒者的孩子結果類似，家庭成了一個危險而且難以預測的環境。孩子記住的是：不論他在哪裡，無論他做什麼，永遠都不安全。更嚴重的是，他覺得自己對這種狀況負有部分責任。

一位病人童年時曾經受到暴力虐待，他說：「我那時候覺得我父親打我，是因為我表現得不好；因為他不打我姐姐，所以我覺得是我的錯。我是個沒用的孩子，挨打是活該。」父母中的另一方不干涉，往往是被動同謀，徹底使孩子認為他沒有任何內在價值，甚至認定自己的存在，引起了別人的攻擊性。我們把這稱為「家庭內部的祭品」。

在這種環境中長大的孩子，會深深懷疑自己個人價值並自我貶低：「父母沒有保護我在身體上不受虐待，是因為我不值得被保護。」

性虐待的父母

家庭暴力中罪大惡極的就是父母中的一方有亂倫行為，一般是父親侵害女兒或繼女。孩子在最親密的關係中受到了侵害，無處可逃。隱形暴力的氛圍通常很明顯，少女會收到各種令其產生罪惡感的資訊：「如果妳不做，再也沒有人愛妳了！」「如果妳不接受，我會傷心難過。」「我會狠狠揍妳、揍媽媽還有妳弟弟！」「妳要是告訴別人，我會坐牢，那就是妳的錯。」不舉發也不保護女兒的這種母親，往往是被動或主動的同謀，她會帶給孩子這樣的壓力：「妳要是不肯，我們都會受折磨。」

一位十六歲的病人被繼父性侵，她說：「我不知道該怎麼辦。如果我同意，我覺得自己是壞女孩、不正常。如果我拒絕，他說我對他態度差，我拘謹不開放。如果我繼續抵抗，他會對我媽媽和我弟弟很兇作為報復。所以我覺得我媽媽寧願我屈從於他。」

被性侵的孩子的自尊會受到極為嚴重的傷害，往往會罹患各種精神疾病，比如「邊緣型人格」。

Issue

很遺憾，許多父母並不稱職，但更遺憾的是許多孩子的自尊因此犧牲。

邊緣型人格合併症狀

擁有邊緣型人格的人，在情感關係中表現出嚴重的不穩定性。他們很難與別人建立正常的關係，因為他們對於有關「排斥」和「拋棄」的各種行為極度敏感，一句話、一個批評或一次失戀，都會使他們陷入極深的痛苦，並使他們採取衝動行為，往往是傷害自己──自殺或自殘，像是用香菸燙傷自己、用裁紙刀劃傷自己的大腿等。

精神科醫生見到很多這樣的病人，通常都會具有與「焦慮」和「憂鬱」相關的精神問題。精神科醫生都很清楚，對這樣的病人做治療，難度高、壓力大，因為他們極其脆弱，自我形象極差，因為他們的自尊受到了嚴重的打擊。 這些病人常常說他們如何厭惡自己，包括厭惡自己的身體、行為和情緒。

如此低落的自尊，是他們人際關係障礙的原因之一，邊緣型人格把任何別人對他們「保持距離」的行為都視為有意的排斥，即使這種行為是適度或暫時的。對此，他們極其脆弱的自尊完全承受不了。多項研究顯示，這類人往往在兒童時期嚴重缺乏愛，甚至被虐待，包括被性侵。

痊癒，必先找回自尊

去除汙名化

精神疾病的痊癒，經常是透過「找回自尊」來實現的。以下理由，證明我們應該更加關注病人的自尊。

首先，成為「精神科病人」已經是對病人自尊的第一重打擊。長期以來，人們都不敢談論自己的精神問題，因為社會上對精神疾病的看法極為負面，這會使他們進一步感到被孤立，更加痛苦。

今天，心理問題已逐漸為大家所認識，所以心理病患願意聚集在一起，甚至組織互助協會，在人前維護自己的權益，這在找回自尊的道路上是重要的一大進步。

低自尊對心理疾病的「負」作用

萬病皆由根治起。大部分心理病態情感，無論其性質如何，都與自尊問題相關，請見

自尊與心理疾病

低自尊的作用	病例
低自尊是病因	憂鬱症
低自尊加重疾病	靦腆和社交恐懼症
低自尊使疾病持續	心理創傷
低自尊阻礙病情好轉	暴食症

上表。

治療師的關懷尊重

治療師的態度和專業素養一樣重要，本身需要習慣和培養與病人之間互相尊重、彼此平等的關係。目前在醫療上常見的情況是：治療師掌握知識和權力，對疾病不作出解釋，對病人的問題不予答覆，而病人不得不接受這種威權和冷漠。這對病人來說無異是二度傷害。

模仿政治上的一句名言：今天的病人希望自己「負責任」，但不希望自己「有罪」。用在心理治療的現況中，等同於病患在治療過程中，希望自己扮演積極的角色，但不願因為罹患疾病而被人譴責。

第 10 章

保護自尊的心理調節方法

每個人的心靈深處，都有著只有他自己才理解的東西。面對它，坦然接受。

——列夫．托爾斯泰 (Leo Tolstoy)

Petits arrangements avec l'estime de soi

自尊保護機制

心理防禦：選擇性失憶

日常生活中，當自尊受到威脅的時候，我們會做出很多自覺或不自覺的行為，來保護或增強自尊心。因為，自尊的強弱並不是一成不變的，所以需要受到保護，定期予以補養，並視情況隨時修補。

然而，這些手段對自尊的調節作用是有限的，有時，在短期內確實十分有效，但它並不能夠代替下一章裡要介紹的那種深層次的行動。因此，我們必須先仔細瞭解這些出於本能保護自尊的心理調節手段，才能在保護自己的同時，不被它們一時的作用所迷惑。

八歲的夏爾說他不想去上柔道課了。他的父親問道：「為什麼你不想去了？難道是你害怕格鬥練習嗎？」

「不是的！我一點也不害怕格鬥練習，恰恰相反。」

「你確定？」

「是的，我向你保證。」

「那是因為什麼呢？」

「嗯，我覺得那裡的氛圍糟透了，大孩子們對我們不友好……」

夏爾的父親知道，兒子自從加入這個俱樂部以來就一直很焦慮，因為他討厭每節課末的格鬥練習。但出於面子，夏爾不願向父親承認這一點，自己也不願意接受這一點。

柔道是他十分熱愛的運動，他訂閱了所有關於柔道的專業雜誌，並且是他自己想要加入這個俱樂部的……現在這是怎麼回事呢？

真實的情況是，夏爾啟動了所謂的「心理防衛機制」，即對於一個自己不能接受或不願承認的事實，出於對自尊的保護，而進行的心理活動或行為——夏爾否認自己對競爭產生了焦慮感，因為他不想在父親面前丟臉，也不想自己看扁自己。

心理防衛機制的主要作用，是避免我們在意識中產生痛苦的情緒或想法。而且，當我們面對困難的時候，會很自然地求助於這一防衛機制，因為它能充當痛苦緩衝器的作用。比如，極力驅散頭腦中痛苦的記憶，又或是陷入幻想以逃離苦惱時，這兩種防衛機制都可以使我們不再去思考那些令我們產生不適感的事物。**我們越脆弱，就越傾向於使用這些防衛機制，因為它們可以保護我們的自尊心。**這些防衛機制使我們不用直視問題，是一種自我調適和逃避現實的手段。

然而，同所有的逃避一樣，這些防衛機制使我們變得更加脆弱。防衛機制所起的作用與奉承者並無二致，阿諛奉承的朝臣們，總是對深居王宮的國王說著：「陛下，一切都很

6 種心理防衛機制

心理防衛機制	維護自尊的作用
回避應對、退縮	避免失敗的風險
否認	拒絕承認問題
投射	將自己的消極情緒及困難，施加到他人身上
幻想及白日夢	想像自己的成功，而不是去實現成功
合理化	承認問題，但卻為這些問題找一些原因，以避免遭受質疑
補償	透過投身於其他領域來擺脱自卑感

好。」然而事實是，王宮之外，革命正蠢蠢欲動。國王不會嘗試進行任何變革，因為他聽到的就只有那些令人安心的消息。

我們的病人也是如此，他們將所有的資訊都加以過濾，只記住那些令他們安心、並不需要付出多少努力，就可以接受的消息。

因此，從某種程度上來說，這些防衛機制是一種無意識的交換，在這個過程中，他們犧牲掉了個人發展的機會，來換取一種虛無的安全感。

人人都會求助於心理防衛機制。無論我們自尊是高是低，這些在現實面前的妥協，本就是我們每個人日常生活中的一部分。有時，這些妥協會以類似我們上文描述的形式表現出來；有時，其表現形式又不會那麼地明顯。

現在，讓我們來綜觀一下這些妥協的表現形式。

自嘲：高風險的黑色幽默

心理防衛機制既有好處也有弊端。當我們遭遇到慘痛的失敗時，我們可以選擇以幽默的口吻，將這場失敗講述給親朋好友，這可使我們免受他人同情，避免自我形象受損，順利抵抗因不美好的回憶而產生的憂鬱情緒。但不好的一面是，以一種幽默的方式講述個人的不幸，會令我們逃避「對不幸進行思索」，也無法直視它所產生的後果。

偶爾動用心理防衛機制並不會引發問題，但如果過度依賴於此機制，就會產生問題了：一個總是拿自己開玩笑並「從不嚴肅」的人，會令與他對話的人產生不安感，而且交談者可以很容易地從他那慣用的自嘲行為中，覺察出他的逃避之心。

以假自信錯誤地保護自尊

二十六歲的年輕人傑羅姆和父母住在一起。大學生活令他很不舒坦，並且學不下去，於是大一那年他就中斷了自己的語言學習。接著，他去英國實習了一年，在那裡獲得了一個私立大學的商科文憑。但回到法國後，他找不到想做的工作，靠著打零工維持生計。

父母勸他和某些朋友、熟人聯絡，因為這些人或許能幫他謀得一份收入更高的工作，但他總是拒絕求助這些人。同樣地，他也拒絕參加一些派對。他擔心在這些場合，人們會因他工作不穩定而否定他，不參加活動可以使他免於在這些場合中身價下跌。

當妹妹和他談論起他的單身狀況時，他回答說自己一點也不會覺得痛苦；當父母批評他說他出門太少時，他辯解說很多年輕人都和他一樣，「宅」在他這個年齡層中是一種潮流。這種否認使他可以不用去承認自己的行為不正常。

他還說，不管怎樣，和他同齡的女孩都太膚淺了，那些派對令他厭倦；而父母的朋友們為他推薦的工作，他也一點都不感興趣。透過這些合理化，他不用去直視真正的問題，也不用對自己產生懷疑。

有時，會他指責父母令他緊張，對他施加壓力，使他產生極大的罪惡感，讓他很不舒服。他將自己的情緒投射到父母身上，讓父母對此負責，這樣他就不會認為自己的焦慮和自卑感，其實大多是由自己造成的。

他花大量的時間去幻想：終有一天會遇到真命天女，他的一個眼神就可以吸引她。這些幻想使他暫時感覺良好，但卻令他活在一個與真實人類關係相悖的假象之中，一旦有朝一日他有了真實的感情，他就會倍感失望。

他對電腦使用嫻熟，花大量時間去上網，認為自己是這一領域的專家，他的這種能力在一定程度上可以補償他人生的失敗。他還夢想著發起一場稱為「無國界電腦專家」的人道主義運動，經由這場運動，教不發達國家的兒童如何使用電腦……

如何保護低自尊？

恐懼失敗的低自尊

低自尊者最害怕的就是失敗。這也就是為什麼他們寧願守護自尊，而不去尋求自身發展，寧可預防失敗，而不去進行風險管理。因此，我們在他們身上看到的心理防衛機制，主要有「回避應對」和「退縮」（什麼都不做就不會產生失敗）、「否認」（不承認自己的挫敗和退縮）等。

畏懼失敗，讓他們凡事謹慎、保守，甚至會因而有小心翼翼的社會態度，因為不把自己太多部分暴露於公眾之下，就能降低招致批評和拒絕的風險。許多低自尊的人喜歡活在陰影之下，這不是因為他們不喜歡成功的光芒，而是因為他們覺得沒有能力去獲得成功。要獲得成功，就得與別人競爭，這便會面臨反對和失敗的風險。對於低自尊者來說，不穩定因素太多了！

但他們也和其他人一樣，渴望成功和獎勵，這樣才可以把自尊保持在一個可以接受的水準。他們是如何做的？以下是一些他們經常依賴的方法。

透過他人的成功，獲得間接成功

他們首先可能會採取的策略就是「享受別人的成功」，他們會認為自己也與這個成功有關係。這個「別人」，可以是身邊的某個親朋好友，比如孩子或配偶。因此，當一個曾苦於自己學習不好的人，看到自己的孩子學習成績優異時，當然會為孩子高興，而這同時也增強了此人的自尊心。

二十二歲的文學系學生艾洛蒂就遇到了這種情況：「我們的母親出身於一個貧苦家庭，父親來自中產階級家庭，他們的婚姻失敗了。母親獨力撫養我們長大。因為離婚不愉快，她與父親斷絕了往來，沒有要撫養費。為了負擔我們的大學支出，她奉獻了自己的一切。對我們而言，這是一個沉重的負擔，考試令我們倍感壓力，我們認為自己沒有權利令她失望。每次成績不理想，我就會有一種辜負了她信任的罪惡感。我覺得，我們學習的好壞對她來說真的無比重要。」

配偶的成功也是如此，過去曾有這樣的年代──大量的婦女為使自己的丈夫成功而奉獻著，丈夫的成功會令她們感到無比驕傲。二十世紀六〇年代醫生們的妻子就是如此，「醫生的妻子」這一名分可以增強她們的自尊。

間接成功涉及的成功者，也可以是一些關係比較遠的人。比如運動俱樂部的支持者們，他們會隨自己支持隊伍的贏、輸而驕傲或沮喪。擴展到集體層面，國外的觀察者已經注意到自一九九八年世界盃法國隊獲勝後，法國的整體自尊感是如何得到了提升。勝利帶來的喜悅是如此強烈，掀起了全國性的慶祝，這是自二戰結束後，德占領土被解放以來最為盛大的慶祝之一。

請不要誤解：我們不是要告訴你支持與自己有關聯的人或群體、為他們的成功而高興，就代表著低自尊！

關注別人的成功是很正常的一件事情。但要知道，增強自尊的潛意識通常會與這些舉動相聯繫。

我們要如何斷定這種策略的使用是否「過度」了的呢？第一個標誌是：這種代理機制成為了提升個人價值的唯一途徑。其次，是被寄予希望的人失敗時，此人會做出暴力性的反應。這種現象在運動迷中表現尤為突出，當他們支持的隊伍失敗時，有人會自殺，或是襲擊他們認為應對失敗負責的人，像是裁判、運動員、領導人等。這讓我們想起了一九九四年，從美國世界盃戰場回國後被謀殺的哥倫比亞運動員，他在比賽時踢進了一個烏龍球，致使哥倫比亞隊遭到淘汰。

過度使用此方法的最後一個副作用是——負擔著「提升低自尊者自尊」責任的這個人，會被施以過度的壓力，像是被父母「委以重任」的孩子，就屬於這種情況。這些父母或多或少人生都有些失敗（至少是在他們自己看來），於是，就如我們在前文看到的，他們讓子女承擔起去實現他們所不能實現事情的任務，像是學習成績優異、提升社會階層、贏得體育比賽等等。

不戰而勝的益處

其實擁有高自尊的人也會運用「間接成功」的手法。在中世紀，決鬥者們會代表自己的君主去參加騎士比武——因為國王不能冒險去承擔「慘遭失敗」的風險！總體來說，擁有高自尊水準的人，也會從間接成功中得到享受，但他們享用這種成功的方式更為公開，他們不怕趁機彰顯自己，甚至獨占功勞。

待在群體中！

被一個群體所接納，有利於保護自尊。在前文我們已經說過，「社會認可」與自尊有著緊密的聯繫：被一個群體接受，表示這個人至少被一群同類的人接納。

至於外人對這個群體社會評價的高低，其實並不重要。通常，低自尊的人寧願待在一個社會評價不高的群體中，占有一個受人肯定的地位；而不是在一個競爭激烈的群體中「費盡心思」去守住一個次要位置。

因此，一個低自尊的小男孩，處在屢遭失敗的足球隊中會更舒坦，因為這樣他可以上場踢球，並與他的夥伴實力相當。

更重要的是，團隊令分享成功為可能——共用成功，共擔失敗。

這讓我們明白了為什麼低自尊的人尤其喜歡融入群體，在團隊中，他們做好了分享成功的準備，但更重要的是，在失敗的情況下，團隊可以減少個人承擔的責任，這令他們有一種安全感，自尊所受的打擊較小。畢竟，比起對成功的欣賞，他們更畏懼失敗。

為什麼要加入團體

對於高自尊人群來說，結成團隊主要目的是為了與他人有所區別，比如，加入一個上流社會俱樂部。而對低自尊人群來說，結成團隊 是為了減少孤獨、更好地被保護。

當我們看到青少年之間尤為普遍的拉幫結隊現象時，不要驚訝，要知道自尊在這個年齡階段是極為脆弱的。

幻想、模糊的想法以及虛擬世界

一些低自尊的人，有時會沉溺在無盡的幻想之中。

「有時，我會整日待在屋裡，什麼都不做。」一位病人描述道：「我幻想著自己取得了耀眼的成就，時而我成為了一位總裁或是獲得諾貝爾獎的研究員；時而我是世界一級方程式錦標賽的冠軍，還有其他一些荒謬的事情……」

「當然，所有這些都直接跳過了行動階段，比如註冊商學院或是參加運動駕駛課程。我從一個幻想轉到另一個幻想，就像一隻爬蟲，從一朵花爬到另一朵花；更像一隻什麼也不產的蝴蝶。不像蜜蜂，至少還採集花蜜……」

幻想有時是有好處的，但對於低自尊者而言，它卻是危險的。

因為它令低自尊者沒有行動就產生了滿足感，並使他們慣於忽視達到成功的中間階段——為成功而付出努力、面對失敗、勇敢再嘗試等各種要應對的困難。

經常沉溺於虛擬世界，如：電子遊戲、電視劇、小說，也從屬於幻想的這類活動。對於這些消遣方式的某些大客戶而言，他們之所以這麼做，主要原因是為了逃避嚴重折磨著自尊的現實。

Issue

高自尊者也會幻想，但對他們而言，幻想是行動的前奏，而非取代行動。

如何保護高自尊？

高行動力，更多的成功與失敗

人們會先入為主地認為對於高自尊的人來說，凡事都相對簡單。大體看來，他們因為願意承擔風險、尋找機會發展個人能力、拓展自身極限，使他們能夠持續地保護和增強自尊；相較之下，低自尊的人很少去做什麼，更以此來盡量減少需要面對的失敗。

然而高自尊的情況也並不是樣樣順利的，他們踏實耕耘、付諸行動，有時能因此獲得更多的成功，但同時也可能遭受到更多的失敗。沒有人會覺得遭遇失敗令人開心，那麼，高自尊的人是如何應對失敗的呢？

歸因偏差

人們面對失敗會有多種反應。接受失敗的事實，並從中汲取教訓，這是人們最常持有的態度，但也是最耗費感情的，尤其是在失敗次數較多或重複失敗的情況下。

高自尊失敗時的歸因策略

策略	例子
將失敗歸於外因（而不是自己）	「我盡力了，其實這是……的錯。」
不把自我攻擊擴大化（而是將批評限 制到具體某一點）	「我的計劃中有一點沒有按照預期進展……」（但其餘的都很完美）
不對事物過早作出結論（不擴大化）	「這不能推翻我的想法，下一次會進展順利……」

如果我們換一個角度看待問題，試想：「這不是我的錯，這又沒什麼大不了，一切會改變的。」

這就是心理學家所謂的**「歸因理論」**。面對一個既定事實，人們傾向於賦予這個事實某些特徵：這件事情的發生取決於我還是外界？是會再次發生還是一個獨立事件？具有代表性還是特例？

善加運用這些歸因手段，可以使人們更能接受既存的問題。

比如，高自尊的人總是傾向於將成功歸因於自己，而將失敗的責任歸咎於外部因素──命運或他人。至於在失敗的情況下，他們對自己的批評也總是比較特別，是「我在這點及那點做得不好」而不是「我真可悲」。

一五二五年帕維亞戰爭，法軍潰敗，弗朗索瓦一世被俘，在他給母親昂古萊姆公爵夫人的信中，他寫下了著名的「除卻榮耀，我已一無所有」，這是非籠統自我攻擊的一個典型例子。

我們來看一下這位高自尊的外科醫生，是如何來面對手術事故的：「我的手術做得非常成功。病人之所以沒活下來，是因為麻醉師沒能處理好。總之，這是一個特例，我之所以願意做這個手術，是因為沒 有人願意做，病人又十分需要手術治療……」

關注別人的錯誤：向下比

九十%的商人認為自己比普通商人要優秀；七十%從大學（尤其是知名大學）畢業的人，認為他們的能力高於一般同事。當與同伴進行比較的時候，高自尊的人會很自覺地認為自己優秀。另外，我們注意到，高自尊的人會仔細挑選自己占優勢的方面與他人進行比較。這也許可以解釋為什麼社會各界，都有這種自欺欺人的「社會比較」。拿教師來說，九十%的高中教師都自認為比同事優秀。二十五%的大學生認為自己是那一%有能力領導他人的人。

但另一方面，也許並不是所有文化中都存在社會比較（或者說，至少其比較方式是不同的）：一項對日本初中生行為的研究，就並未發現這些初中生會透過有利於自己的比較項目來抬高自己，這種比較帶來的甚至是相反的影響。

當高自尊的人遭遇了失敗，這種傾向會加劇。他們會比以往任何時候，更傾向於將自己與成就或能力不如自己的人進行比較，以使自己安心。為此，他們會更加關注他人的過失和缺點。

一些有趣的實驗證明了這點，我們給高自尊和低自尊的人安排了一些簡單的任務，並

就連偉人有時也會向下比

對於對自尊感興趣的人來說，佛洛伊德的人生充滿了說不完的趣聞逸事，因為這位偉人平生對待他人是既熱情又殘酷的，尤其是對他的那些莽撞的學生。關於這一點，他的學生兼他的傳記作者歐內斯特・瓊斯講述如下：

「斯特克爾（佛洛伊德的學生）認為對於某些發現，自己比佛洛伊德研究得更深刻，對此他以不是很謙遜的態度表達了歉意，說騎在巨人肩膀上的矮子可以比巨人看得更遠。佛洛伊德諷刺地反對道：『這也許是真的，但對於天文學家頭頂的蝨子來說，就得另當別論了。』」

使他們都未能完成這些任務。他們被明確告知失敗後，再讓他們進行另一個測試：閱讀關於另一個人的積極行為和消極行為的列表（「雅克出色地通過了一個很難的考試」、「但他拒絕借錢給一個需要用錢的朋友」等等）。一段時間後，讓他們回憶能記起的列表中的行為，我們發現高自尊的人在遭遇失敗後，最明顯記得的是他人的缺點。

因此，要注意你的上司，如果他遇到了倒楣的事並影響了其自尊，他將會一下子想起你過去犯的所有錯誤，或者為一些小事批評你，為的是讓自己相信自己不是公司中唯一沒能力的人，還有比他更差的……

對評判者的批評

「告訴我你對我的看法，我就會告訴你你的價值。」這種策略經常被高自尊的人使用。以下是一個例子：志願者們與心理學家進行了一次談話。在談話結束後，心理學家給他們一個正面或負面的評判。然後讓志願者評價心理學家對他們的評判是否準確，以及心理學家的專業水準。

對於低自尊的人來說，心理學家對他們的評判好壞，並不會影響他們的看法；對於高自尊的人來說，心理學家對他們的評價越積極，他們對心理學家的評價就越好，越傾向於認為心理學家的水準高。

Issue

低自尊者容易看見別人的優點，高自尊者容易記住別人的缺點。

要提高自尊，是否應給自己設置阻礙？

為何阻礙自身的成功？

三歲半的小貝朗吉爾，有一天和她五歲半的姐姐以及姐姐的朋友在玩「記憶」遊戲——一種有利於培養兒童注意力的遊戲。這時，她十分依戀的爸爸看到她們在遊戲，問道：「嘿，孩子們，誰會贏呢？」問完之後，他就在一旁看她們遊戲。從這一刻開始，小貝朗吉爾就開始玩不好了，她走神、不看牌，嗲聲嗲氣地說起話來。兩個大孩子很生氣，說不跟她玩了。

意識到自己說錯話了，父親坐到了遊戲桌旁，把小貝朗吉爾抱在腿上，安慰她並鼓勵她專心玩遊戲。慢慢地，小貝朗吉爾又投入到了遊戲中……

小貝朗吉爾的身上發生了什麼事？她完全有能力贏得比賽，為什麼卻在短短的時間內，就搞砸了自己的機會呢？

我們很早就注意到，有些人會做出一些可能毀掉自己成功機會的矛盾行為，就在大功即將告成，成功已近在咫尺時，他們卻放棄了最後的努力。像是在一個重要的日子來臨前，不做任何準備（學生在考試前不進行複習）；又或是自己給自己設置阻礙（求職者在面試時遲到）……他們為什麼會這樣做？

怕贏？真有「失敗神經症」

心理分析學家對於所謂的「失敗神經症」很感興趣。他們認為有一些人喜歡失敗，或者對成功心懷畏懼。

依他們所言，「不配得成功的感覺」以及「面對成就產生的罪惡感」，可以解釋這種故意使自己失敗的現象。而且，這種理論變得十分流行，尤其是在體育界，人們經常會談論這個或那個冠軍「怕贏」。

然而，對於這種現象，還有其他的解釋，其中一些與自尊有關。比如，我們可以看到，與成功相比，低自尊的人認為失敗與自己更相稱，但是他們也並不至於因為失敗而歡欣喜悅。

一位病人對我們說：「有時，我覺得在失敗的情況下更安全；至少，我對此已經習慣了，沒有什麼意想不到的事會生，這幾乎可以使我安心。」

若要對此種現象進行解釋，最有趣理論是「自我妨礙理論」。該理論簡潔地解釋說：不為一個重要的日子進行準備，或者固執地選擇難以實現的目標，這並不是尋求自我懲罰，而是在呵護自尊。我們來看一下考前不準備的學生的例子：這個學生透過不複習備考

何時使用「自我妨礙」策略？

高自尊的手法	低自尊的謀略
為了在成功時增強自尊（擴大收益）	為了在失敗時保護自尊（減小損失）
在預計會成功的情況下使用	在預計會失敗的情況下使用
與興奮相關	與懼怕相關

的行為，為自己刻意設置了自我妨礙，他的目的是什麼呢？也就是說，萬一失敗，他就可以辯解說：「沒錯，我是失敗了，但這是因為我沒怎麼努力。」

如此一來，他的自尊依附於此，就不會受到牽連，而僅僅是因為他缺少準備，這個學生心裡是這麼想的：「如果我拚盡全力複習，最終還是失敗，會證明我沒本事；但如果我沒有努力而失敗了，就可以歸咎於缺少努力，而不是我沒有能力。」

如果你仔細閱讀了前面幾章，就可以由此斷定：**一個用「放棄努力」為自己如此辯解的人一定是低自尊的，因為他預先想到的是失敗而不是成功。**你的判斷是正確的：「自我妨礙」是低自尊的人經常使用的策略。

那麼高自尊的人會怎麼做呢？**高自尊者預先想到的是成功，而不是失敗。**

他們若進行自我妨礙，不是為了在失敗時可以保護自己，而是為了在成功時更彰顯自己的價值。我們再回到學生的例子，但這次選取的是一位高自尊的學生。如果他沒有複習卻取得了好成績（正如他所篤信的那樣，因為他很有自信）會發生什麼事？他肯定覺得自己更了不起了：「我什麼都沒複習就考過了。」

因此，值得注意的是，對外聲稱自己採取了自我妨礙策略，也可能是一種裝腔作勢——故意讓別人以為自己沒有為重要的日子進行準備，以此博得更多的讚譽。有些高自尊的人很喜歡這種做法，而且，在法國及其他拉丁語系國家，這種策略異常受青睞，因為在這些國家，人們更看重因「天賦」或「靈感」而獲得的成功，相對輕視透過刻苦而獲得的成功。被別人看作有天分的學生，比被人視為勤奮的學生更有利於提高自尊。而盎格魯撒克遜國家的學生，則不太會刻意掩蓋事實——如果他們學習很努力，他們不會羞於承認。

Issue

自尊經常在「諜對諜」之中被小心保護。

為自尊消費的謬趣人生

購物：為「購」還是為「物」？

日常生活中的很多行為，都直接或間接地與自尊相關。買一件東西或者說鄰居的壞話，通常是我們在無意識中為了保護自尊而採取的行為，無論自己的自尊水準是高是低都難免如此。讓我們來綜觀一下每天發生的這些舉動。

人們經常會譴責消費社會，迫使我們不斷購買和占有自己並不需要的東西。商業目的和行銷人員的巧妙手段，當然在其中產生了一定作用，但購物之所以如此大行其道，是因為它滿足了表面看不出來的深層需求，尤其是自尊方面的需求。

購物就是為了提升自我價值，即使其效果短暫且不穩定。商人和廣告商很清楚這點，特別是奢侈品行業，他們誘導你，讓你以為只要買了一件奢侈品，就躋身行家及優越階層之列。

週六下午的購物是不是提升自尊的「毒品」呢？

怕落人後所以一窩瘋

「在這個世界上，最讓你不堪忍受的是什麼？」一九九八年，Eué 雜誌向法國喜劇演員穆麗爾．羅賓（Muriel Robin）如是提問，她回答道：

「我自己。我和我的搖擺不定，我的自相矛盾。比如，如果我買一台最新款攝影機，超漂亮的，心情就會好一些。我身邊的人都買了，嘿，我也弄一台放家裡。然後呢？ 我覺得自己很傻，心想：『這台攝影機給你帶來了什麼，白癡！ 我必須突破自己才能賺到 1.5 萬法郎，而這些錢僅僅換來一個攝影機，在這之後，我又需要 1.5 萬法郎去買別的東西，然後又怎樣呢？』」

不管怎樣，優秀的店員總會想方設法拍顧客的馬屁、抬高他的自尊，促使他開開心心地掏腰包。

「在我身上這成了一種病態的癖好，」某日，一位三十六歲的律師向我們講述道：「我妻子說我是『神經質購物』。我買的東西有些並不是出於實質需要，而是出於心理需求。比如，我給自己買了一個很漂亮的公事包，給我的事務所添置一盞昂貴的燈。一般來說，如果我的舊包沒破，或是原先的燈沒摔壞，我是不會這樣亂買的。但當我難過或遇到挫敗時，我就需要提升自我價值感。並不是因為心情高興所以買東西，而是為了安撫自己，堵住內心裡隱約的不快，提升自己在自身心目中的地位。」

「三十秒付款成功，就能擁有一件美觀實用的新物件，無需任何努力，讓我感覺很好。」

精神病學家有時會遇到「強迫型消費者」，他們經常做出無用的、超出經濟能力的購物行為。

這類病人向來在自尊方面存在問題，有點像「神經性暴食症」患者及「偷竊癖」患者。而且，這三種心理疾病經常併發。

占有：一種良好的「充實」感

購物的樂趣通常先於占有的樂趣，但是後者卻更持久。擁有一件能夠提高自我身價的物品，可以產生修補自尊的作用，華貴的家具、漂亮的房子等，尤其是那些外形亮眼的名牌豪車。

眼下在大城市裡，體型巨大、閃閃發亮、卻毫無用武之地的四輪傳動車數量激增，很難不認為這是出於一種想要表現自我價值的炫耀需求吧。四輪傳動車對於自尊的提升作用，大概就像矽膠假體對於胸部的增大作用一樣？

炫耀：面子用錢來堆砌最快

購買和占有，這很好。但如果不展示給他人，讓自己的自尊心感覺更加良好一些，多可惜啊！在咖啡館露臺前，將汽車收音機音量調到最大；去餐館吃飯時，把大型車停在餐館露臺前，引得眾人矚目，多麼提升自尊啊，效果遠遠超過在冷清的小路上打開廣播，或

吸引和吹噓：一種自古就有的運動

男人們總喜歡指責女性的膚淺和多話，但他們又很愛誇口自己征服過多少女人——吹噓可以增強他們的自尊。

在曼凱維奇（Mankiewicz）導演的其中一部電影《赤足天使》（*La Comtesse aux pieds nus*）拍攝期間，女演員艾娃·加德納與鬥牛士路易斯·米蓋爾·多明甘有過一段交往。據說，他們同床共枕的第一夜，多明甘起身穿上衣服，伸腿跨出窗外。「你要去哪兒？」美麗的艾娃問道。「把這事告訴我哥們去。」鬥牛士率直地回答。

將汽車停在隱蔽的地下停車場，那樣的話，可沒人會看見你從豪車裡走出來。

通常，炫耀這個行為是為自尊服務的。

一九九八年就有一則專為大客戶定制的信用卡廣告，宣稱擁有這張昂貴的信用卡就是「身價的外在標誌」。

引人羨慕：刷卡，也刷「存在感」

實際上，上述所有這些都能回歸到兒童式的快樂——因為擁有某種東西而被人豔羨，不是因為本身出色而被人讚賞。

某些郵購目錄就利用了這一心理，比如《摩登男士》一九九八年五月的購物目錄中有一則「浮床」的介紹：「遠離人滿為患的海灘和泳池，躺入清風的溫柔懷抱或沉醉於一本小說，您將令所有的鄰居都心生羨慕。」

目的很明確：不僅要享受難以置信的新產品帶來的舒適，更要讓別人看到自己無比愜意地休閒。

巧妙的是，這則廣告的配圖是一位金髮美女躺在浮床上，而不是廣告的目標客群男性買家。

這暗示著購買此款浮床，你不僅會讓人羨慕，周圍的漂亮女孩也都一心想著到你家來，躺倒在你的「浮床」上。

Issue

把自我形象寄託在一件件金錢計價的商品上，就省去思考自己到底有什麼價值？

真本事與不入流的小樂子

擁有少見的本領

你有時可能會自問，成為比爾博凱（Bilboquet）遊戲冠軍或會寫梵文有什麼用呢？其實，除了可以帶來真正的滿足感之外，也許還有利於自尊。

如果你屬於自尊較低的人，你會發現能夠在少有人涉足的領域表現出色，會帶給你兩點好處：

一、**容易出頭**——這類領域競爭較小，你也就相對容易出眾。

二、**不易樹敵**——你基本上不會威脅到任何人，因此，你也就不會有遭人嫉妒或受人挑釁的風險。

如果你的自尊高，你會特別希望自己獨一無二或成為先鋒，但你的能力需要在「你渴望得到認可的社會階層」中被人欣賞。

好乖的狗……控制和支配

一個人的自尊越高，就越會想掌控局面；而當他越是掌控著局面，自尊也就越高。這兩者之間的相輔相成，在日常生活中究竟是如何體現的呢？當然是透過征服和行使權力表現出來！

一些人選擇投身政治，另一些人選擇相對簡單的辦法。比如，為什麼如此多的城市居民，堅持豢養大型的烈性犬？為什麼郊區的小混混如此喜愛比特犬？除了感情方面的因素（小時候電視劇《靈犬貝兒》看太多）或者其他實用的理由（用來恐嚇敵人），最簡單的原因是：這對我們的自尊有好處。

狗的體型越大、越是有名的好鬥品種，狗主人越有可能有自尊方面的問題。他們養這些大型犬的最終目的，就是為了裝作很有學問的樣子好告訴別人：「它們其實不會傷人，只要讓狗明白誰是主人就行」。

養小型犬的人則是迫害型的主人：「坐下！躺下！趴下！別動別叫！來這裡！」他們也是一樣自尊有問題：「這世上沒有人服從於我，我找到了一個可以被我支配的生命。」注意，這些被支配的生命，還可能是他們的配偶、子女、下屬等等。

在大富翁遊戲裡成為強中手

桌遊是由社會力量關係派生出來的產物。中世紀的一些畫展現了薩拉丁大帝和獅心王查理的對抗。某些人身上可以看出這種遊戲與對抗的聯繫，他們在遊戲中忘記了遊戲應有的樂趣，以及他們平時友善的性格。

有兩種跡象，能判斷參與者是否在遊戲中投入了過多的自尊：

一、輸不起——「既然這樣，不奉陪了」，隨時準備和隊友吵架。

二、非贏不可——為了得到成功或是因為受不了失敗，而寧可作弊。

違反規則或插隊

違反規則、車開得比別人都快、不繳納罰款、偷稅漏稅……對於某些人（比如自戀者）來說，這些做法都能大幅增強他們的自尊。還有一些人喜歡插隊，誰不知道在排長長隊伍時，插到別人前面所帶來的樂趣？在我們國家，這已經成為了一種民族性的表徵，美其名曰「機靈」，但對我們的民族自尊而言，這能算是好徵兆嗎？

詆毀、誹謗和嘲笑

「這個傢伙一無是處」、「這女孩很漂亮，但是卻很笨」……說別人的壞話有什麼好處呢？為什麼這會令我們感覺很好？誹謗他人可以縮小自己和他人的差距。

說說明星的壞話：「這個演員貌似不太聰明。」想像世界上的權貴們（君王或百萬富翁）實際上都非常不幸，這些都可以縮小自身與他人之間的差距。

剛遭遇失敗的高自尊者，喜歡講那些不太走運的人的壞話。從某種程度來看，嘲笑比自己更弱的人，來提升自己的自尊，只能算是一種裝腔作勢。

某些喜劇演員還會熱衷於嘲笑運動員的不善言辭，被他們嘲笑的運動員，通常來自於更低的社會階層。這種以強凌弱的做法，始終是令人不悅和討厭的，因為這種行為的利好之處，無非就是透過貶低別人，來使自己在心理或經濟方面獲益。

辯論巧言術：拗到底

在德國哲學家叔本華的《辯論的藝術》一書中，作者列出了一個很長的清單，並把這個清單命名為「永遠不用承認自己錯誤的計策與竅門」。

以下是其中的幾個：

- 計策三十二：「我們可以很快甩掉對手用於反駁我們的陳述，至少可以使他看起來不太站得住腳，就是把對手的說法歸入某些普遍遭人反感的類別裡，透過相似或模糊的關係使之被固定在一起。例如：『但這種說法是摩尼教思想，有點阿裡烏斯教的思想，有點伯拉糾主義……』」
- 計策三十三：當我們缺少論據的時候，可以斷言「在理論上也許是正確的，但在實踐上不對」。
- 計策三十六：「用一連串荒唐的話令對手驚訝、目瞪口呆……」

這幾個計策也許有益於我們的自尊，但用於處理社會關係，可能就不太好了……

無論如何不能丟臉

「你問我布列塔尼的假期啊？非常愉快！」

「可是那裡好像一直在下雨！」

「哼，那只是天氣預報說的。總之，不管怎樣，我們喜歡雨……」

拒絕承認自己的失敗、受挫或是弱點，是一種保護自尊的方法。更具有攻擊性的方式，是在討論的開場白中直接詆毀對方的觀點：「你這樣看根本沒用，讓我來給你解釋一下……」

自吹自擂

如何顯示出自己的價值，又不讓人覺得刻意？以下是三個經典的策略：

一、不經意提到知名人物——讓別人知道自己與一些大人物走得很近：「嘿，昨天晚上，我們被邀請去了克勞迪婭家。什麼？當然是克勞迪婭・希弗。啊！不好意思，我沒和你提過？她真的太可愛了！」

二、展現自己的洞察力——擁有別人沒有的資訊，或者看到別人沒有發現的問題：「你真是太天真了，還相信這個，這比你想的複雜多了……」先以萬事通的姿態開個頭，然後無禮地描述加上猜測鄰桌的人或自己的家人某些事……。

三、以退為進求恭維——極力假裝謙虛，引得對方對自己大加讚賞。

生活中並非只有自尊……

現在，也許你會覺得到處都有自尊的影子。沒錯，但生活中並不只有自尊！我們之所以會養狗，會為孩子在學校取得的優異成績或他們的好氣色而開心，這些都不一定是因為我們想要借此來提升自己的價值。而且，即使是有這樣的初衷，那也沒什麼可指責的。

希望你在讀了以上的文字之後，可以注意到我們在日常生活中，其實都懂得運用的保護自尊之各種策略，如：購物、炫耀、批評、詆毀等等。但這些策略對自尊的調節作用是有限的，有些甚至是負面的。我們不應該對這些策略寄予過度的期望。

為了持久地保護和增強自尊，你需要另一些策略。這些策略是下一章我們將要談到的重點。

Issue

以錯誤的方式滋養自尊，反而可能損傷更快。

誹謗能讓我們振作精神嗎？

研究人員對這個問題很關心，他們分別向憂鬱者和非憂鬱者介紹了一些知名人士，並讓他們對這些人物進行評價。

研究人員發現，當參與者認為名人的某些方面與他們「存在著競爭」時，參與者就會傾向於貶低他們。比如，覺得自己有魅力的女性在評價名模時，就會傾向於說：「她長得並不是那麼美。」自認聰明的男性在評價一個風頭正健的知識分子時，會傾向於說：「他說的話也不是字字珠璣嘛！」

評估參與者在實驗之前和之後的情緒，研究人員還發現此類批評只對憂鬱者的心情產生了好的影響，其他人的情緒則變得差了。難道因為惡言中傷別人可以令其至少在短期內得到安慰，所以有些未接受治療的憂鬱症患者，總是以惡言惡語的暴躁形象出現？

尤其要注意：如果你不是憂鬱症患者，講別人壞話對你來說沒有任何好處！

第 11 章

我愛自己故我在

要公正，因為公平維繫著人類。要和善，因為慷慨能暖人心窩。要寬厚，因為你周圍的人跟你一樣脆弱。要謙遜，因為你的傲慢會傷害別人的自愛心。

——保爾．霍爾巴赫（Baron d'Holbach）

Je m'aime, donc je suis

改變，有可能！

自尊不會定型

在生活中，有些時候我們得要好好呵護一下自己的自尊。無論是普通的養護，還是大動干戈進行革新，或乾脆完全重塑自尊，到底該如何著手？

長大成人之後，我們自尊水準的高低還能改變嗎？很多人都認為答案是否定的。對他們來說，自尊是一個人心理特徵的一部分，這些心理特徵一旦形成便不會改變。實際上，並不是這樣。

在我們的一生中，自尊水準會有變化。當然，如果你的自尊很高，基本上不太可能變成一個自尊低的人，但反過來確實有可能。有項研究持續追蹤了一百零二位婦女，結果顯示，經過七年的時間，低自尊者中有一半人的自尊都得到了提升。

為何會發生這種變化？在這項研究中，研究人員發現自尊的提升與人際關係的改善、職業地位的提升存在關聯。是不是自尊的提升帶來了這些好的變化，又或者是反過來？研究並沒有解釋。不過下面的這個小趣聞可以清楚說明，要找到自尊提升的確切原因是很困難的。

多重症狀

一位病人來接受心理治療，她在自尊方面存在嚴重的問題，並患有神經性暴食症，這些都令她極為痛苦，她還表示對自己的感情、職業、生活都很不滿意。一年半以後，她有了一個情投意合的新戀人和一份新工作，神經性暴食症也沒有了。簡言之，她覺得自己充滿活力。

對這位病人進行治療的心理醫生起初很不安，現在很高興，為自己的工作相當自豪，深信病人身上發生的所有好變化，都是他治療的直接結果。這讓他更明確地認為事情都順利地按照以下邏輯順序發生了——病人的自尊問題得到改善，於是漸漸地，她的生活狀況也隨之發生了改變。

治療結束時，這位醫生問病人，她認為這幾個月以來，對她幫助最大的是什麼？這位病人有些感慨地回答：「當然，醫生，您的治療對我幫助很大，但我認為，如果沒有遇到現在的戀人，我的生活不會有如此大的改善！」

毫無疑問，**生活中的有些機遇，對於自尊來說是一個新的起點。一段戀情的產生**（儘管對方十分清楚你的優缺點，但還是信任你，給你愛和建議）、**一段友情、融入一個群體、從事某一職業、達到某個社會地位，所有這些都可以幫助我們建立自尊**，或是令原本有些動搖的自尊變得無比堅定。然而，生活中這類好事並不太多。

某些人無論其自尊是高還是低，似乎都擅長「弄砸好機會」，感情生活中尤為常見。有些人由於「驕傲」而犯這種錯誤，比如一位漂亮的女孩，在選擇配偶時要求極高，拒絕了一個又一個追求者，年近四十的時候，卻突然發現裙下之臣越來越少。另一些人則由於「過度壓抑」而犯了這種錯誤，比如一位年輕的男子因為不知道如何把握機會，而使自己的一生最愛落入他人懷抱。

哪些行動可以拯救自尊？

如果說自尊是可以改變的，應該做些什麼特別的事來讓這種改變發生嗎？行動或不行動，這是一個問題。跟很多心理問題（如：焦慮或憂鬱）一樣，自尊具有其變動性，但也是可以保持的。

在這本書裡我們已經看到，高自尊的人會更積極去採取行動，因此他們也會收穫更多的成功，這些成功則提升了這些人的價值；如果他們遭遇失敗，自尊會防止他們精神崩潰，令他們繼續懷有以後再重新嘗試的念頭。

相反地，低自尊的人在行動前會花很多時間猶豫不決，因此他們獲得的成功也不多。由於低自尊的人會懷疑這些成功是否是他應得的，並會考慮是否還有能力再取得成功，因此，成功並不能將他們的自尊提高多少。低自尊的人一旦失敗，會直接影響他們對自己的看法，他們將不會再堅持把事情做下去，甚至不再去嘗試。

日常生活中的一些小波動，一般不會影響自尊維持初始水準。但生活中的一些大事；或個人做出要改變的決定，而該決定將使他的生活出現一些新的事物——這些就能夠令自尊發生很大的變化。

在《新懺悔錄》中，英國作家威廉·波伊講述了當他感覺「不快和逆來順受」時，他如何嘗試調動自己的積極性：「我努力恢復自己與生俱來的樂觀精神，讓自己重新覺得自己有價值。沒有自尊，一切都做不成。」接下來，我們就要告訴你，究竟該如何努力調整自尊。

Issue

自尊受到折磨的兩大警訊——不快感、逆來順受。

高自尊循環圖

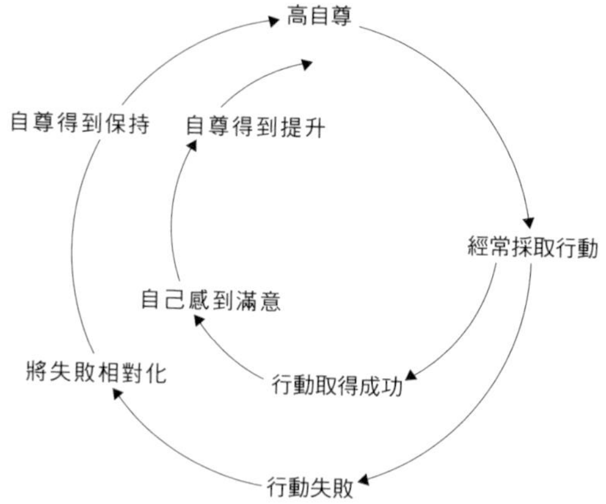

低自尊循環圖

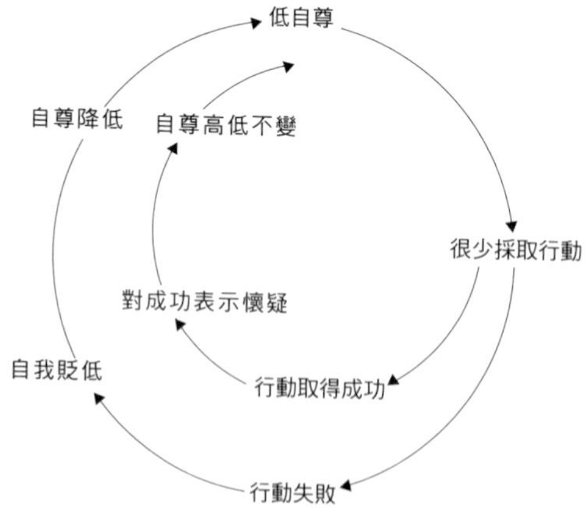

平衡自尊的三種重要關係

如何調整自尊？

我們建議可以在三個主要方面進行努力，每個方面都包含了三個特定向度，我們把這些向度稱為「要點」。

這三個之中的每個方面及每個要點都有其重要性，但可能不是所有的方面和要點你個人都需要改進。

總之，你要注意保持「對自己的看法」、「行動調整」、「與他人的關係」這三個方面上的平衡。

我們經常遇到一些人在某一方面用力過猛，導致他們要不過度自省（比如拚命參加個人發展培訓），要不過於熱衷交際（比如拚命參加社交活動），再不然就是過於投入行動（比如工作狂）。

優化自尊的九大要點

下表是優化自尊的九大要點——

重要面向	實踐要點
與自己的關係	1. 認識自己 2. 接受自己 3. 對自己誠實
與行動的關係	4. 行動 5. 不再「自我攻擊」 6. 接受失敗
與他人的關係	7. 自我肯定 8. 換位思考 9. 依靠社會支持

當然，沒有快速又毫無痛苦地調整自尊的神奇秘方，這一點大家都清楚。實際上，作為心理治療師，經驗告訴我們，萬事起頭難。我們建議首先只選取一個目標去努力攻克。等問題的某一部分有了變化之後，便會引起連鎖反應，讓你學會如何行動得更正確，你之後就可以按同一方式繼續。

Issue

心理治療過程並非如催眠或深睡那般輕鬆，但一定比繼續生病來得好。

改變對自己的看法

一、認識自己

蘇格拉底經常說「認識你自己」，這是關於自尊的首要要求。這個要求既包括**認識你對自己的看法，也包括認識你將自己展現給外人的方式。**注意：這不是要你迷失在自省之中，而是要你認清自己的能力和局限。

「周哈里窗」是心理治療中用來進行自我思考的工具，它對我們進行自我認識很具有說明性。「周哈里窗」假設自我認知存在四個區塊：

一、開放區——即自己知道，周圍人也知道的部分。例：「人們說我是一個忠於朋友、樂於助人的人。是這樣的，我同意。」

二、盲區——關於自己，別人知道，自己卻沒有清楚意識到的部分。比如，人們可能會這樣說你：「這是一位聰明的女孩，但太容易生氣了。」而你卻覺得自己是一個和藹可親但不那麼聰穎的人。

周哈里窗心靈祕境

	自己知道	自己不知道
別人知道	**開放區**	**盲區**
別人不知道	**隱藏區**	**未知區**

三、隱藏區——關於自己，別人不知道，但自己卻知道的部分。例：「我是一個很愛嫉妒別人的人，並且對自己沒有一點信心。表面上我看似是個放得開、輕鬆自如的人，但其實我總是在懷疑自己，並把這種懷疑小心謹慎地隱藏起來，不讓別人發現。」

四、未知區——關於自己，周圍人和自己都不知道的部分。在某些新情況下，某些人會「發現自我」，例：「別人託付給我一些責任，我發現我很喜歡，並且也發覺自己有能力成為一名領導者。」

只要一個人的「開放區」擴大了，他的自尊就會增強。為此，我們應該這麼去做調整：

調整一、將「盲區」轉化為「開放區」——這種調整要先善於聆聽，請求周遭人對自己提出意見。即使別人對我們提出了批評，也要對他們表示感謝，因為這讓我們更瞭解自己：「嗯，聽著，你對我說的話並不悅耳，但我要感謝你的坦誠，讓我知道這些對我來說是很重要的。」

調整二、將「隱藏區」轉化為「開放區」——主要方式是自我

披露，即毫不猶豫地表達自己的想法和感受，即使我們並不確定所說的想法與對方是否一致，或能否令對方高興：「我必須要對你說，我和你想的一點也不一樣。」這種自我披露態度的另一個好處是：這能夠把我們的想法和感受與事實進行比照。通常，這可以令我們改正錯誤。

當然，在進行自我揭露的時候，要小心謹慎、注意措辭。在社會生活不可能一點虛偽都沒有，你沒必要叫喊：「啊！從我們上次見面到現在，你怎麼老了那麼多！」或者說：「我覺得老闆的發言完全離題了！」

調整三、將「未知區」轉化為「開放區」——讓自己進入不熟悉的環境和嘗試新的經歷，這些都是大有好處的。

二、接受自己

認識自己只是第一步。面對已經確定的缺點和不足，接下來該做什麼呢？與我們通常認為的相反，擁有高自尊並不需要沒有任何缺點，而是要能夠接受這些缺點並予以改正。如何解釋有些人能夠接受自己的缺點，而另一些人為此感到十分羞恥，以至於「自尊備受折磨」呢？

精神病學家和心理學家曾對罪惡感進行研究，認為罪惡感是對自己所做之事產生悔恨，並由此帶來羞恥。

倫理學家和哲學家則認為這一心理活動，是因當事人混淆了「我們做了什麼」與「我們是什麼」的結果。

「罪惡感」與自尊有著十分緊密的聯繫，羞恥之心會讓人把自身對缺點的意識轉變為情結。

如果有人邀請你跳舞，而你不會跳，給你兩個選擇——要不你為此感到羞恥，不承認自己不會跳舞，隨便編一個不跳舞的藉口。然而，這會帶來三個弊端：你自己會感覺不自在，邀請你的人也有可能會感覺不自在，且如此一來你也沒機會學習跳舞；要不就是你承認自己不會跳舞，如此一來情況就不一樣了：你的內心平靜，而對方也會對此予以理解，也許還會提議教你跳舞。

在我們進行心理治療的過程中，經常會遇到這類問題，比如那些害怕臉紅靦腆的人就有此類問題。只要他們臉紅是因羞恥產生的（且認為「這樣很荒唐」），他們就不會有任何進步。

「我必須把它隱藏起來」的念頭一直縈繞在他們的腦際，於是他們把自己困在了自己的問題中。

進行治療的目標之一，就是讓他們不再將注意力集中在自己的問題上，並且能夠談論這些問題（自發地或是回答別人的提問）。

沉默和孤獨，是羞恥感的兩大幫兇。**一旦你決定將令你羞恥的問題講給一個選定的人聽，你就已經克服了前進道路上的大障礙。**正如印度作家維．蘇．奈保爾在一次訪問中說的：「我知道，在人們承認自己羞恥的那一刻，羞恥感也就隨即消失了。」

三、對自己誠實

在前面有關心理防衛機制的章節中，我們已經看到有時人們會借助一些小手段來欺騙自己，從而保護（至少在短期內）自尊心。

其中，最常用的心理保護機制，就是「否認」。

當你乘車時，司機的駕駛速度對你來說過快，你有些害怕，但卻不敢說出來。司機覺察到你害怕，問道：「你不害怕吧？」這時，你會怎麼回答？

你在等待競聘某個職位的考試結果，你獲知沒有得到這個令你垂涎的職位，一個同事走近你說：「沒有太失望吧？」你又怎麼回答？

你正提高嗓門對一個親友說話，因為他做了令你不快的事情。他問你：「你沒生氣吧？」你都怎麼回答？

在這三種情況下，為了不損自尊，你可能會想要否認自己的情緒：不承認自己害怕、傷心或生氣，畢竟這些是社交禮節的一部分。

但是，在這些社交禮節的背後，經常隱藏著自尊的問題：我們特別希望在承認自己情緒的同時，不會感到丟臉。

面對威脅到自尊的事情時，我們常會觀察到兩種否認的反應：

一、自衛——「其實根本不是這樣！」

二、屈服——「沒錯，就是這樣。」

自我欺騙的 2 種方式

不承認自己的消極情緒	不承認想要改變現狀
「我沒有生氣」	「生活就是如此」
「我沒有感到失望」	「要習慣」
「我沒有憂慮」	「事情就是這樣」

在自衛的情況下，人們會傾向於執拗地否認自己的情緒狀況，不承認自己很看重某些目標如：「我一心想要被錄取。」某些苛求如：「我不喜歡人們做令我不快的事情。」或是某些能力上的侷限如：「我坐車會害怕。」

在第二種屈服的情況下，人們會對自己撒起另外一種形式的謊，從「否認有想法」變成「否認自己為了改變而嘗試行動」。

因此，他們的說辭以認命：「不管怎樣，我們都改變不了任何事情。」和平庸化：「我達不到我所希望的目標，這不重要。」為主。

在進行心理會診時，有些病人也總是這麼說，讓心理醫生感覺到他們有點問題，進而必須找出問題所在。

比如，有一個年輕女子在每次抱怨完時都會特別強調說：「不論如何，事情就是這樣了。」來解除心理醫生的防備，表明她接受這些問題，使心理醫生也接受她逆來順受的世界觀。

一位年紀較大的男子（被妻子送來治療，妻子對他的焦慮已經感到厭煩）採取的則是另一種截然相反的態度。

每當他講述完一個問題，心理醫生剛要接話時，他便會趕忙將問題縮小化：「實際上，問題沒有這麼嚴重，我不希望給你留下誇張的印象。」在心理醫生那裡進行了三個月的觀察後，他才終於能誠實地直接談論自己的痛苦。

Issue

誠實坦露能得到的幫助，遠比說謊能掩蓋的事更多。

廓清自我的幾種談話法

請問自己如下問題，同時想一想能用什麼樣的方式告訴你周圍的人。如果你的自尊偏低，我們知道你一般很少談論自己，就算談論起也是用一種十分或過於中立、折衷的方式進行：考慮一下為自己的自畫像增添一些稜角和色彩吧！

・我喜歡／我不喜歡

你是否能夠清楚地確定喜歡什麼、不喜歡什麼？ 你如何與其他人談論這些？ 你如何去接受與自己不同的觀點？

・我瞭解／我不瞭解

在哪些領域你掌握的知識超過一般水準？ 你如何將這些知識傳授給其他人？ 你敢不敢就你不瞭解的領域進行提問？

・我的失敗／我的成就

你是否能夠談論自己的失敗，同時不使自己的價值受到貶低？你是否能夠談論自己的成功，同時又讓人覺得你不是在誇耀？

・我的缺點／我的優點

你是否能夠確定自己的缺點和優點？ 在必要的情況下，你是否能就自己的優缺點進行評價，並且沒有半點吹噓或哀歎？

改變與行動的關係

四、行動

行動是維持自尊的操練。大型的成功必然會明顯提升自尊，但並不是每天都能獲得工作上、感情上或運動場上的成功。

好在，日常生活也為我們提供了大量的目標，這些目標可能並不遠大，但一旦目標達成，就會令我們的自尊得到改善。

比如，將出於個人選擇或健康原因不再開車的老年人，與那些沒有停止開車的老年人進行比較，我們會發現，在同樣年齡及健康水準的條件下，那些不再開車的老年人身上發出的憂鬱信號更多，他們的自尊受到的損害更大。

因此，請你將平日裡的一些工作，看成是進行提升自我控制能力和助你成為自己希望的人的手段，而不是簡單的苦差事。當某些人對我們說「每當我做家務的時候，我就感覺稍好一些」或「當我心情不好的時候，我就會做一些零工」時，他們就是這麼想的。

你會說：「目標不遠大，收穫也不會很大。」但洗完碗筷後心情變好一些，要比一直心懷憂愁，以至於重要的工作都無法著手強得多。更不用說在一個小領域投入行動，就像是賽前熱身，可以幫助你接下來投入到更嚴峻的工作中去。

一個低自尊但很能幽自己一默的病人，向我們如此講述了她在行動方面的問題：「我是不行動的專家。我甚至能就這一主題寫本書。比如，我可以將四大秘訣傳授給我的讀者：思前想後、不斷重複、抱怨以及什麼都不做……」

然而，也要避免讓一些小小行動阻礙你去完成那些重要的、緊急的事情，比如學生將時間花在「整理」課堂所講的筆記，而不是去「學習」課堂所講的知識；或是辦公室的員工一早開始工作時，選擇先細膩地回覆郵件，而不是先撥打需要緊急聯絡的電話。

另一種行動的方式，是成為某一領域的專家。在很多關於自尊及個人健康的論文中，我們都可以發現這條建議。有規律地從事一項業餘愛好有利於自尊，同時還可以提高對自己個人能力的看法，提升自己的社會認可度，比如將烹飪作為自己的特長，練習武術也有利於增強自尊。

因此，為了改變，行動是必不可少的。一切都是透過對行為的具體調整開始的。停留在思想層面的改變毫無用處，自尊也不會因此而得到持續有效的調整。一個落實到行動的計劃，不論它是意義重大，還是無足輕重，對於未來的有利影響，都比僅停留在意念層面的計劃大得多。

說到底，所有要改變的決定一經做出，在下一分鐘就應該立刻落實到行動上——拿起話筒、開始寫信件、立即走出家門。

五、不再自我攻擊

三十六歲的兒科醫生艾洛蒂說：「我花了六年時間來寫我的醫學博士論文。每次我都覺得沒有準備好，高度不夠。為此，我還更換了三次主題。我的問題很簡單，每次開始寫論文，沒寫幾行，我就覺得不滿意。」

「我的博士論文導師們對我說這個選題很好，我們可以就此發展出很多東西，但這些都無濟於事，我為此筋疲力盡，就像內心有個聲音一直重複對我說這個選題不好、行不通，我想像評委翻著我的論文噘嘴表示不滿……幸運的是，我的最後一個導師惱火了，對我說：『每個人都有自己的工作。你的工作是寫論文，而我的工作是對你的論文進行評價！』他的這番話使我不再將兩者混為一談。我曾慣於一邊行動一邊評判我的行動，倘若經常如此，我們將一事無成！」

「自我攻擊」是我們對自己批評性的成見。這個成見通常是父母話語的內化，源於我們童年時期所聽到的東西。「自我攻擊」有好幾種形式，事前：「這有什麼意義？」、「這行不通」；事後：「太差了」、「沒有一點用」、「不夠好」。

面對自我攻擊能做些什麼呢？首先，要意識到「自我攻擊」的存在。你要明白你的這些困難不僅源自你的任務，還源自你自尊方面的問題。比如你可能認為：「只有做到完美，我才覺得自尊得到了保護。」

自我攻擊的傷害性

自我攻擊	對自尊的影響
「這沒有用，這有什麼意義」	使我們打消嘗試的念頭
「這行不通」	擔心或是追求無意義的完美
「太差了」	降低自尊
「都沒有一點用」	使我們打消重新開始做的念頭
「不夠好」	不滿意

對抗自我攻擊的 4 個提問

以下是一位 35 歲男子，對自己前一天晚上在派對上表現不滿意的自我提問：

心結 昨晚，我表現得不夠好	回答	策略
這個想法現實嗎？	我不知道，我只知道自己的意見。	我要問問其他人對此怎麼看。
這個想法是否讓我自我感覺稍好一些？	不，這個想法令我難過和焦慮。	停止思前想後，我要行動：「現在怎麼辦？」
這個想法能否讓我更能應付現在的處境？	不能，我龜縮不前。	我要試試馬上給朋友打個電話。
這個想法是否有助於我下一次應對得更好？	不，反而增加了我的困難。下一次， 我會更不自在。	思考下一次派對「怎麼做才能使自己不再對自己不滿意？」

其次，要習慣於對內心的想法進行如下的思考：這個想法現實嗎？這個想法是否讓我自我感覺好一點？這個想法能否讓我更能應付現在的處境？這個想法是否有助於我下一次應對得更好？

六、接受失敗

「失敗是一個小小的成功。」這句格言出自一九九八年在攀登印度布洛阿特峰（八四○七公尺）時，意外去世的登山運動員埃裡克．埃斯科菲埃。埃斯科菲埃生前是個「力量驚人，令其他登山運動員害怕的怪物」。一九八七年，他遭遇了一場嚴重車禍，從此半身不遂。但具有挑戰精神的他（說明他屬於高自尊）繼續登山，直至意外死亡。

一般來說，沒有人喜歡失敗。然而，為了改變，我們必須採取行動，因此我們得要承擔可能失敗的風險。正如我們的一位病人所說：「我們要接受的不是失敗，而是『會失敗』這個念頭。」有時候，當心理醫生認為病人需要經歷失敗，才能去除心理障礙時，會「特意要求」他失敗一次，而不是讓他不惜任何代價地避免失敗。

我們對塞巴斯蒂安就是這麼做的——他來我們診所諮詢，因為他依靠服用抗憂鬱藥治好了憂鬱症，但很不放心，害怕憂鬱會復發。他覺得患憂鬱症的經歷令他變得脆弱，在他眼裡，他是因為缺乏自信而引發憂鬱症，然後憂鬱症又反過來令他更加不自信。

害怕失敗和自信不足的心理，一直困擾著塞巴斯蒂安。在與他深入交談之後，我們發現了他的恐懼的來源：他的父親是一個焦慮而專橫的完美主義者，對孩子的評價總是十分地嚴苛。

孩子們的成績單，會在一家人吃晚飯的時候被大聲地念出來，沒考好的孩子就遭殃，即使那只是相對來說成績差了一點點。他從來不鼓勵自己的孩子，因為「好好學習是分內的事」。因此，塞巴斯蒂安被養成了一種極為嚴格的訓令式思維：「你應該一次就學會」、「你永遠都不能犯錯」、「你必須要掌握所有知識」等等。他的自尊水準因此低得出奇，總是害怕自己表現得不好。

在治療的時候，塞巴斯蒂安很清楚自己問題的原由，但顯然他不能改變自己看待問題的方式。我們採用了被認知心理治療師稱為「現實檢驗」的治療方法：透過現實來檢驗預言是否為真。換句話說，讓他真的失敗一次，看看成人後的失敗，是否和童年時的失敗一樣可怕。

在說服了塞巴斯蒂安並徵得他的同意之後，我們決定讓他進行三次「檢驗」，在每次「檢驗」中，他都要讓自己失敗：

一、去一家電腦商店，告訴售貨員他完全聽不明白店員的說明。

二、去自己所住街區一家熟悉的店鋪，假裝在挑選完東西後才發現沒帶錢。

三、故意遺漏工作週報的一部分，不做好充分準備。

這三次檢驗的難度是逐漸遞增的，但我們都已經事先確認了不會引起太大問題，包括工作週報。

如何務實看待失敗

災難式想法 將失敗看得過於嚴重	**務實的想法** 把失敗看成有益的
失敗一定是徹底的 「這是滅頂之災」	失敗是一件不愉快的事 「這很討厭」
失敗一定是不可改變的 「我永遠沒辦法應對此種情況」	失敗只是一個階段 「我必須要進步，以後面對這種情況就不慌了」
失敗一定是無法挽回的 「後果無法補救」	大部分失敗是可以挽回的 「有什麼不良後果嗎？」
失敗總是危險的 「聽之任之，讓自己習慣於平庸」	不存在失敗上癮 「沒人喜歡失敗，不可能習慣於失敗」
失敗一定會招致嘲笑 「我的形象因此被徹底破壞」	失敗並不可笑 「別人也許看出我還有待提高」
失敗一定會讓別人對你失去信任 「以後，別人再也不會信任我了」	將來的成功，會讓人忘記過去的失敗 「人們會看到我有其他長處，以後可以成功」

塞巴斯蒂安完成了檢驗，發現失敗並沒有招致任何災難，他的自尊反而提高了——售貨員承認自己解釋得不太清楚；商店老闆笑了笑，讓他先把東西拿走，下次再來付錢；同事們則對他表示問題不大……漸漸地，塞巴斯蒂安成功地消除了因過度害怕失敗，而綁手綁腳的心理障礙。他的憂鬱症也因此加速痊癒。

以下是幾個如何應對失敗的建議：

一、看待問題並不是非黑即白

這是缺少行動力的人身上最常見的問題之一。除了巨大的成功和災難性的失敗，他們想像不到還有什麼其他結果。由於他們很清醒地看到自己不能獲得成功，於是預計自己會遭受災難性的失敗。

大多數情況下，只需要調整一下對失敗的看法即可。

二、記住每個人都曾經失敗，正在失敗或將會失敗

我們的社會對於失敗的態度很虛偽：當人們慶祝成功的時候，經常會忘記提起成功之前遭受的失敗。於是，很多人以為別人沒有失敗過。但成功的人一般是以失敗開頭的。我們經常參加精神病學大會，注意到很少會聽到大家談論某個方法的失敗，然而討論失敗的方法和討論成功的方法一樣有意義。

在與年輕的心理治療師討論的時候，他們經常告訴我們，他們聽從資深醫師的建議，並嘗試他們推薦的方法，但不能達到同樣的效果。於是他們得出結論，自己是資質平庸的醫生，自尊受到打擊。

實際上，有經驗的心理治療師很可能對自己初期的摸索閉口不談，而只展示好成果，這能使他自尊得到提升。

三、從失敗中汲取教訓和經驗

將你的失敗看作瞭解自己的資訊來源，而不是自己無能的證據。如果你可以達到此種心態，每一次失敗都會使你離成功更近一步。

Issue

對自己人生負責的最基本要務，就是善待自己。

七、自我肯定

「自我肯定」是指表達出自己的想法、願望、感受的同時，又尊重別人的想法、願望、感受的能力。它是可以不帶挑釁地說「不」；不帶歉意地去要求某些事情；面對批評冷靜地回應……

二十世紀六〇年代末期，關於自我肯定的早期研究顯示，自我肯定不僅可以讓我們得到自己想要的東西，為自己贏得尊重，還可以令人自我感覺良好，提升自尊。自我肯定需要足夠的自重，這樣才能為自己在別人面前爭取權利，包括表達權、反駁權、回應權、要求權等等。然而，為自己爭取權利，也表示要冒著打擾對方，令對方不快的風險。

這就是為什麼低自尊者（他們十分害怕遭到排斥）比其他人更難自我肯定：「如果我拒絕，對方會生氣。」「如果我說出自己的真實想法，我們會鬧翻。」

當一個人不能自我肯定的時候，他就會採用其他的人際關係行為：

低自尊與缺乏自我肯定

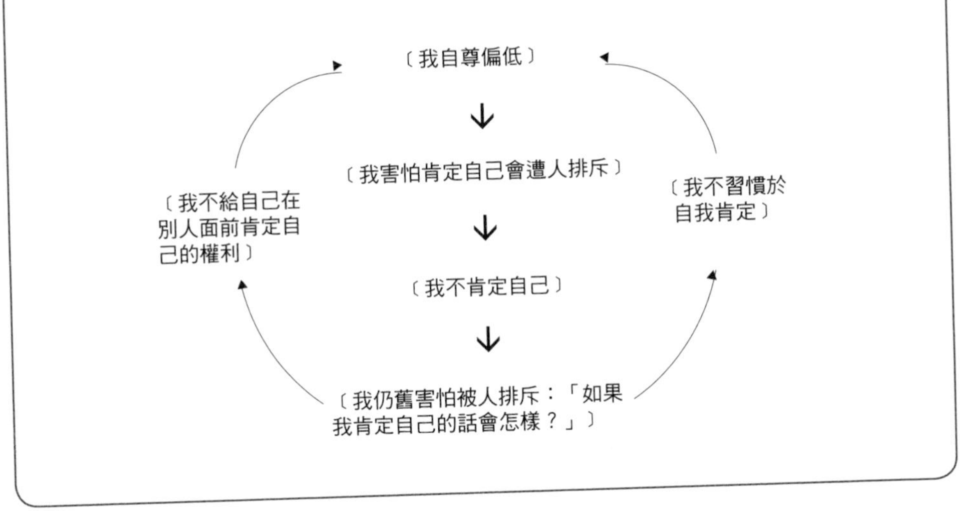
〔我自尊偏低〕
〔我害怕肯定自己會遭人排斥〕
〔我不肯定自己〕
〔我仍舊害怕被人排斥：「如果我肯定自己的話會怎樣？」〕
〔我不習慣於自我肯定〕
〔我不給自己在別人面前肯定自己的權利〕

一、抑制行為——奴顏婢膝

忍受與他人的關係、不敢表達自己的想法或感覺、習慣於全盤接受別人的想法和要求、不懂得拒絕是其主要特徵。這種行為總是跟低自尊密切相關。

二、攻擊行為——獵豹與刺蝟

無論主動性有多強，明確強調自己的需求和觀點，而忽視他人的需求和觀點；或是遭遇對方抵制的時候，會毫不猶豫地反抗，與之爭吵或進行威脅，這種行為總是與不穩定的高自尊密切相關，像是「我不能忍受他人的反駁」、「我的需求必須得到尊重」。

有時，在低自尊的人怒不可遏的時候，我們也能從他們身上看到此種行為。

學會「自我肯定」必然會提高你的自尊。而且，當你學會如何自我肯定後，你就有了更多選擇的餘地，有時你會選擇不只顧及自己的感受與想法：「與其光顧著讓自己高興，不如做對的事。」**懂得用暫時讓步來避免一場無用的爭執，也是高自尊的表現！**

八、換位思考

換位思考是一種傾聽、感受、理解、尊重他人觀點的能力，即使我們並不能夠完全同意他人的觀點，但我們能理解和尊重。比如，換位思考時我們會說：「我十分明白你想說什麼，但我不一定與你想的一樣。」

真誠的換位思考，為自尊的發展提供了巨大的動力。它使我們可以與他人保持親近的關係，得到他人的欣賞。同時，它還能讓我們更容易自我肯定，如果我們表現得能夠傾聽別人說的話，別人也就更願意聆聽我們的觀點。

當一個人的自尊較低時，他可能會更注意去傾聽別人，有時甚至到了忘記自我、不顧自身利益的地步。低自尊者的退縮和屈服，體現了他們希望透過傾聽別人，來「換得」別人讚許的需求。這就是我們所說的「**過度換位思考**」：總是傾聽，不會進行自我肯定。

三十六歲的弗蘭克的陳述，很清楚地說明了這點：

「我過度傾聽別人的想法，當別人對我提出要求的時候，我會竭盡全力做到令他們滿意，而且我確實想那麼做。但當我回顧自己這一輩子，我發現我傾聽別人的時候很多，讓別人傾聽我的時候卻不多。」

「我跟一個朋友說了這個想法，一天晚上，我們參加了一個派對，這個朋友整晚都在觀察我，之後她對我說：『我一點也不意外。當你跟別人交談的時候，你知道自己都說了些什麼嗎？你總是在說：我理解，完全正確，沒錯，當然……你從頭到尾都在贊同他人。』她說得對，我發現我總是注意贊同他人，而不是讓別人聽我的觀點，我好像覺得這兩者相互矛盾……」

九、依靠社會支持

在本書中，我們多次談到社會支持，包括我們與周圍所有人之間的關係，以及從這些關係中獲得的幫助。再次重申，與他人的關係是自尊的一個基本要素，理論家們常說，社會支持由四個「成分」構成：

一、尊重的支持——「我們知道你是一個不錯的人。」

二、情感的支持——「我們在你身邊，我們愛你。」

三、工具性支持——「我們會幫你。」

四、資訊的支持——「這條資訊對你有用。」

社會支持會為自尊帶來兩種寶貴的養分——「被愛的感覺」和「被幫助的感覺」。怎樣發展自己的社會支援呢？以下是幾個建議：

一、尋求支持不要猶豫，但要理解有時人們不能立刻給予你幫助。

二、社會支援不是可以永遠依賴的拐杖。

三、經常使用你的社交人脈。

四、不要只是利用社會支持來博取同情，或遭遇嚴重挫折時尋求安慰。

五、使社會支持多樣化，親朋好友不是唯一可以提供社會支援的人。

我們的交際圈是一個三環同心圓：至交、同事和同學、認識的人。這三類人都具有不同程度的重要性。研究顯示，失業的時候，通常是在認識的人（社會支援最周邊的一圈）的幫助下重新找到工作的。

Issue

尋求支援並非無能示弱，而是自尊積極化的展現。

改變策略

你準備好改變自己了？太好了！以下三個建議對你實際著手改變會很有幫助。

步驟一、將抱怨轉變成目標

這個方法一點也不新鮮，但非常有效。只要改變一下自己的表達方式，說「我希望」，而不是「我受夠了」即可。為此，你必須思考你的抱怨背後隱藏的究竟是何種需要，然後找到解決辦法。

這種策略經常用於對於憂鬱症的認知治療，在治療過程中，每當患者受憂鬱之苦而發出抱怨的時候，心理治療師都會試圖讓患者明確表達自己的目標：

「醫生，我對什麼都不感興趣。」

「你的意思是？」

「我以前做的一切事情都不能引起我的興趣。」

為增強自尊選擇目標的技巧

目標適當的例子	目標不適當的例子
取決於你（經常邀請朋友）	取決於他人（經常受到邀請）
可以定期重複（每週散步兩次）	只能偶爾進行（去接受海水浴治療）
現實（參加表演課程）	不現實（成為明星）
明確（當工作中遇到不明白的地方，總是敢於尋求幫助）	籠統（對自己更有信心）
對你有益（和朋友一起去度假）	對你益處不大（重新給地下室的門上油漆）

「所以你想對某些活動重新產生興趣，對吧？」

「是的。」

「你能具體說說是哪些活動嗎？」

「一些很簡單的事：遛狗、讀報、做飯、給朋友打電話……」

「我明白了。我們可以把這作為我們治療的第一個目標，讓你重新體會到做這些事情的樂趣，好嗎？」

步驟二、選擇適當的目標

選擇目標不當，通常是失敗的首要原因。當然，你要對失敗寬容一點，但對於因目標定位不當而帶來的失敗，大事化小是沒用的。

上圖是一些為增強自尊選擇目標的技巧。

步驟三、分階段進行

我們已經看到了，幻想並不是對達成目標

行之有效的方法，但它還是有好處的：它向我們展示了我們嚮往的理想。但由於這個目標往往距離我們的現實情況有些遠，當我們意識到巨大的差距時，可能會失去為改變而努力的勇氣。辦法是將「起點」與「目標」之間的差距，分解成若干階段。

比如，有人會先在表格中寫下現實狀況和自己的理想目標。

下一頁的上方表格確實可以說明這個人的理想，但列出來反而會令他更加憂鬱吧？一個這樣的表格，能否對如何行動提供具體的指示？當然不能。實際上，這個表格還需要加上一列，我們可以稱之為「中間階段」，請見下方表格。

令人洩氣的差距

現實	理想
我不滿意我的感情生活	遇到一個摯愛的人
我對我的工作感到厭煩	有一份熱愛的工作
我總是跟同樣的人來往	結識很多人
我總是感覺壓力大	要總是保持放鬆

分階段達成目標

現實	中間階段	理想
我不滿意我的感情生活	多與公司女同事（男同事）說話	遇到一個摯愛的人
我對我的工作感到厭煩	申請繼續培訓，回覆招聘廣告	有一份熱愛的工作
我總是跟同樣的人來往	報名加入運動俱樂部或跳舞俱樂部	結交很多人
我總是感覺壓力大	每週做 1 次瑜伽或其他 運動	要總是保持放鬆

接受治療

什麼時候去治療？

「我對我的生活不滿意，我不知道該做些什麼去改變它，而且，我很難區分哪些是客觀上難以讓人忍受的，哪些是因為我反應不當而無法忍受的。」

「我也弄不明白，因為我的精神狀況會隨時間的變化而改變。可以說，早上的狀態跟晚上完全不一樣。」

「我需要別人指導我成長，因為我獨自一人時感覺自己沒有任何長進，我不知道如何著手，因此次次都不可避免地重蹈覆轍，被同樣的感覺和情緒一再侵擾，甚至擊垮，我不明白為什麼擺脫不了這些情緒，根本無法控制。」

以上是一位病人來信的節選，正如我們看到的，有時，獨自一人很難調整自尊。

如果你常有這些情緒：不滿意、憂鬱、悲傷、無能為力，或者你覺得有些問題總是重複出現：情感或職場上的失敗、面對渴望達到的目標，行動上總是被壓抑等等，進行治療對你是有好處的。

如果你身上某些問題在加重：憂鬱、焦慮、酒精依賴等，進行治療對你也是有好處的。有時，刺激你去進行治療的是你身邊的人：配偶的抱怨或威脅、上級或同事的批評、當你向朋友傾訴時朋友的建議。

治療的結果會怎樣？

實際上，改善自尊是所有心理治療的直接或間接目的。但是，心理治療不是魔法，你最好瞭解它能給你帶來什麼：更清楚地認識自己，更明確地表達自己的想法，慢慢地調整日常生活中的行為。

但它不能保證的是：讓你快速、不費勁地就脫胎換骨，立刻取得成功。

選一個好的心理治療師

心理治療對於很多人來說都是一個神秘的領域，規則很奇特，會令人覺得「醫生從來不回答我的問題」、「心理治療師都是一些奇怪的人」。

要知道，心理治療師與精神科醫生或心理學家不同，至少就目前而言，心理治療師並沒有「正規文憑」。因此，隨便一個人都可以自稱為心理治療師。當然，文憑並不是絕對的保障，我們認識一些很好的心理治療師，他們既不是精神病醫生，也不是心理學家。但是，如果沒有文憑，你也有權質疑心理治療師的從業經驗和合法性。

病人的權利

作為病人，你有一些不可讓渡的權利：

一、被傾聽的權利——如果你的心理治療師很明顯不聽你說話，並且是經常性的（每個人偶爾都會感到疲倦）；或者如果他經常顯得很著急或被你的話惹惱，你得考慮他是否有能力幫助你。

二、你的問題要求得到解答的權利——這個心理治療師是從哪個學校畢業的？有哪些文憑？他使用哪些方法？他為什麼使用這種或那種技術？你的合理提問，應該獲得醫師正面的回答。

三、要求獲得目前專業領域中最好治療的權利——心理治療同醫療一樣，承擔診療「義務」，但不保證結果。心理治療師不能保證把你治癒，但如果他同意對你進行治療，他就必須承諾盡最大努力。

心理治療師的義務

我們認為，好的心理治療師應具有以下幾個重要特點：

一、他不會馬上對你進行治療。

二、他會向你解釋他如何看待你的問題。

三、他會向你解釋治療將會怎樣進行。

四、他會與你一起制定一些現實的目標。

五、他會接受或鼓勵你提出問題、發表意見。

六、他不會試圖成為你的朋友或精神導師。

七、他不會故意說其他治療流派的壞話。

八、他接受你中斷治療，並且不會試圖讓你產生罪惡感和焦慮情緒，但他會先告訴你他的意見。

不同種類的治療

一、藥物

在談心理治療之前，我們想提一下藥物問題。藥物能對自尊產生作用嗎？按理說，答案似乎是否定的。**自尊是大量心理現象合力作用的結果，因此，現今沒有任何一種藥物能夠聲稱可以改善自尊。**世界上沒有幸福藥，也沒有自尊藥。

然而，有的藥物治療——主要是抗憂鬱藥物，可以間接對自尊產生影響，比如透過改善憂鬱者的精神狀態，或平復恐懼症患者的焦慮。有人甚至提出假說，抗憂鬱藥物中很特別的一支——血清素源性藥物，可以提高大腦中血清素（一種重要的神經遞質）的含量，對自尊提升產生作用。這也還有待今後證實。

二、心理治療

心理治療的原則很簡單：在專業人士的幫助下對自己進行反思，形成新的思考方式和行為模式，以更符合我們自己的渴望。

二大主要心理治療法

精神分析治療	行為認知治療
集中在過去，或者是過去與現在之間	集中在當前
重溫和注重理解個人過去經歷中的重大事件	注重獲得解決當前問題的能力
治療師態度中立	治療師與病人互動
治療師對患者的心理問題和治療很少給出具體資訊	治療師經常對患者的心理問題和治療給出具體的資訊
目標和期限不確定	目標和期限明確
主要目的：調整病人隱藏的心理結構（由此改善病人症狀和行為）	主要目的：改善病人症狀和行為（由此調整深層心理結構）

自我認知和自尊的改善是所有心理治療的共同結果，至少在治療成功的情況下是如此，但在治療過程中，為達到目標所使用的方法各不相同。心理治療大體分為兩類：「精神分析治療」和「行為認知治療」。

「精神分析治療」較接近一般人想像當中的心理治療：這種治療鼓勵患者向心理治療師述說自己的過去，治療師本身很少說話，也不給出什麼實際的建議。

「行為認知治療」出現的時間較晚，此種治療由互動性更強的心理治療師進行，治療師會表達自己的看法，給出建議，並推薦一些培養新生活方式的技巧。

精神分析治療

精神分析治療源於分析心理學，是透過**治療理解和重溫過去的經歷**，以此解決病人的問題，這些問題往往以某一人生階段的「心理障礙」形式存在。這種心理障礙導致了「強迫性重複」，換句話說，**人不自覺地重複製造童年時沒有解決的問題。**

這種治療的主要目標，是**引導病人意識到自己問題背後隱藏的意義，也就是讓病人更深層地認識自己。**病人對他的心理治療師產生的感覺和想法（精神分析學家稱之為「移情」），也是治療過程中不可分割的組成部分，使病人能夠重溫和理解自己與「童年時期遇到的重要人物」之間的關係，這些關係是成年後人際關係問題的根源。

心理治療師的治療方式是中立的，叫作**「善意中立」**。在所謂的「典型治療」（最完善的分析治療模式）中，精神分析學家很少介入，也不給予任何建議，但會向病人提出一些問題，以促使其增強意識，並提出一些闡釋。實際上，很多採用分析治療的心理治療師採用折衷的方式，還是會有所介入。而且，最近的一項研究表明：雖然佛洛伊德叮囑自己的學生要保持中立，但他本人在治療自己的病人時，也曾積極介入。

以下是三十六歲的埃馬紐埃爾在接受精神分析治療過程的講述。他家有三個兒子，他排行老二：「我感覺自己一直都被父親嫌棄。從我懂事開始，我腦子裡的記憶都是他在貶低我，拿我跟兩個兄弟相比，他們更符合他的期望。比如，我的成績一直非常差，對學習不感興趣，並且有心理障礙。而我的兩個兄弟學習都很好，跟父親一樣，父親是一名高級官員。」

「我母親對我總是過分保護，像是為了彌補父親對我的排斥。現在看來，我認為她的做法沒能解決問題，反而使得我的父親對我完全不再關心，認為我是『媽媽的寶貝』，如此他就沒有了罪惡感。有時，我會夢想母親死了，父親終於來照顧我……母親很不幸，她很孤獨，父親一點都不關心她。她默默地活在他的陰影裡，放棄了工作，忙著照料孩子和家庭。她在浮華膚淺的社交生活裡尋求慰藉，很迷人也很討人喜歡……她把這些本領教給了我，讓我從小耳濡目染上流社會的偽裝。我都學透徹了，能言善道，別人都以為我能力很強，其實並非如此。」

「在學業徹底失敗後，我換過很多份工作，遇到了很多像我一樣的人：房地產仲介，打理服裝商店……基本上都是同樣的招術——利用我的外形打扮、油嘴滑舌和良好教養去討人歡心。接著，我又失敗了，因為我沒有把工作做好。我一直以為——也讓別人認為我的失敗都是因為懶惰，實際上是因為我沒能力。能力不足解決起來原本很簡單，我只要承認自己的不足，向身邊的人徵詢意見，參加一個為期幾天的小型培訓，就能成功了。然而，我沒有這樣做，大概是因為我把問題想像得太嚴重了——我深信自己是個徹頭徹尾的冒牌貨，所以已經無可救藥了。因此，我從不做任何努力爭取進步。」

「當我遇到我妻子（她是老師）時，我也對她撒了謊。她以為我是個迷失在商界無人賞識的藝術家。她允許我在家無所事事混了兩年，我的藉口是要寫小說。不用說，我什麼都沒寫出來。很顯然，我沒那個本事。我當時心知肚明，但這藉口可以讓我暫時不用工作。問題是，在這期間我們有了兩個孩子，而且是因為我想像別人一樣，『假裝』生活一切正常。」

「當我們經濟上開始出現嚴重困難時，我找了心理治療師諮詢。那傢伙很差勁，在四十五分鐘內都沒開過口，就對我說了一句『很好，我們下次繼續』，還跟我要診療費。我不想再去，妻子於是威脅說要離婚。當時我沒有告訴她，她要是甩了我，對我來說簡直是一種解脫。因為不停撒謊騙人真的很累！」

「有一天，一個朋友幫我介紹了他的心理治療師，於是我去見了這個治療師，這次很順利，她向我推薦了『面對面治療』。一開始，她問了我一些關於過去的問題，迫使我思索那些我從未想過的細節。比如，我父親的弱點、他對我的責任，而我以前總以為過錯都在我。心理治療師還向我指出，即使在她面前，我還是在虛張聲勢、極力縮小自己的問題、美化自己。有一天，她對我說：『您知道嗎，您沒必要討我歡心。』」

「治療一段時間後，我陷入憂鬱，因為治療迫使我直視自身的可悲。治療師鼓勵我，並沒有過分關愛，而是讓我思考自己的責任。沒有人像她這樣對待過我——因為尊重我而嚴格要求我。」

「在這段痛苦的經歷之後，我開始好轉。我不再需要每天裝模作樣、為自己辯解、時時刻刻裝出高興的樣子……也不再需要去誘惑和矇騙別人。我有了一個恰如其分的自我形象——樸實、不美化。與此同時，我終於能夠開始進步和學習，重建自信……」

經過三年的治療，埃馬紐埃爾如今在一個製藥廠做推銷員，情況一直不錯。他與別人的關係也簡單多了，他不再覺得非得討好和誘惑別人，來掩蓋自己的疑慮。

分析治療有以下優點：

- 使病人很好地認識自己。
- 能解答「為什麼我是這樣」的問題。

同時，也有缺點如：

- 並不一定能有效地調整行為。
- 通常治療時間很長。
- 醫生很少對病人表示支持。

行為認知治療

精神分析治療是對過去的研究，並不足以解決問題。我們經常遇到一些患者，他們十分清楚自身問題的根源，但並不能夠因此就消除這些問題。行為認知治療的目的，便在於教給患者改變自身行為和認知想法的方法，讓患者嘗試更符合自身期望的新生活方式。

例如，治療一個恐懼症患者時，心理治療師在瞭解了恐懼的來源之後，會幫助患者一點一點地去對抗他所害怕的東西。對於自尊方面的問題，心理治療師會依據情況試著說明，使患者嘗試採取行動，減少貶低自己的想法，在別人面前更能夠進行自我肯定。

通常來說，行為認知治療師是介入和互動的：他給出自己的意見和建議，鼓勵患者做出努力。患者需要相應地付出努力，這對於低自尊的人來說並不容易，比如，那些不願投入到行為認知治療的「善饑症」患者，就是些自尊極低的人。

以下是卡特琳娜的一段故事，她曾經接受過行為認知治療。她在與別人接觸時有社交焦慮障礙和靦腆的問題，因此，她三十六歲的時候找到了我們進行治療。

「我來自於法國西部一個十分貧困的鄉村，在家裡六個兄弟姐妹中排行老三。我們六個人都接受了嚴酷的教育，父母對我們從來都不溫柔，也不表揚我們。說到底，那個階層太粗野。我們一家人除了粗的田和農活，別的什麼都不談。我一直想逃離這種生活，一想到要這樣過一輩子就恐懼不安，彷彿給我判了死刑。幸好，我是好學生，成績在班上名列前茅。那裡是唯一能令我聽到好話的地方：他們說我這個學生聰明、用功、自律。」

「我進了大學，學了法律，在一些大公司擔任法務的職位。我曾認為長大成人、遠離家人，一切就會變得妙不可言，但我失望了。我發覺自己不僅童年過得很痛苦，長大後仍不能享受幸福。我無法在戀愛中獲得喜悅，總是對自己的工作不滿意。因此，我不停地換工作，換男朋友。別人覺得我驕傲自大、挑剔，他們以為我想得到更好的。事實上不是那麼回事，我是怕自己不夠好。」

「比如，當一個男人愛上我時，他通常愛上的是我的形象，而不是我這個人。當我認識到這一點，便害怕關係繼續下去會令他失望，於是與他分手。在工作中也是如此，我總是害怕最終會掩飾不了自己的真面目。」

「儘管外表看起來挺好，但我從來不相信自己。我不愛我自己。別人覺得我長得挺漂亮，但是我記得很清楚，我曾羨慕那些不如我漂亮，但在我看來卻更有魅力、更有女人味的朋友和同事。我想變成另外一個人。我所欣賞的別人身上的長處，我一樣也沒有。」

卡特琳娜過分擔心別人對她的評價，我們稱之為「社交焦慮障礙」，同時，她還有「暴食症」和「週期性憂鬱症狀」出現。她的心理治療師很快診斷出這些疾病的主要根源，是因為她有嚴重的自尊問題。因此，他建議她進行「雙焦點」治療，即透過治療同時達到兩個目標。

治療的第一步是「自我肯定小組治療」。這種小組由八名病人組成，病人們透過角色扮演，再現日常生活中的場景。參與者透過訓練，學會與他們需求相符的交流方式。比如，卡特琳娜學會了拒絕過分要求，談論自己時不再自我貶低，即使在擔心對方和自己的想法不一致的情況下，也能表達自己的感受和觀點。在治療之前，她總是害怕不知道如何回答別人的問題，害怕講的東西太無趣，害怕自我肯定會被人排斥。

在單獨的認知心理治療中，卡特琳娜調整了自己本來的「頑固想法」：「如果我向別人展示出真實的我，我會遭到排斥或被嘲笑。」「我沒有什麼優點，不能長久地吸引一個人。」「被別人接受的唯一方法，就是屈從於別人的觀點。」她在心理治療師的幫助下認識到自己這些「信念」，促使她採取了降低自我價值的態度，而這種態度又進一步佐證她對自己的負面看法。

在意識到這些後，她進行了「現實檢驗」，檢驗了一下她的預言是對還是錯。例如，將她的膽怯和缺乏自信的困擾告訴她現在的男朋友，看看她男朋友是否像她想像的一樣不久就會離開她。當然，這件事並沒有發生。她也在朋友家吃晚餐時，不帶攻擊性地表達自己對某人觀點的不認同，令她吃驚的是，不僅她所反駁的人沒有討厭她，還承認她說的有理有據，而且其他幾個一直沒說話的人，也對她的意見表示贊同。

經過兩年的治療，卡特琳娜漸漸好轉了。她的自尊水準提高了：她學會了承認自己的優點，並接受自己的缺點。她接受了此前一直不肯接受的管理職位任命。她與一個瞭解她心理問題和缺陷的男友結了婚，這些問題和缺陷是她主動告訴對方的，她覺得沒必要隱瞞，也不覺得因此低人一等。

心理治療結束已經三年，但她仍在不斷進步。她不再受暴食症之苦，憂鬱症也沒有復發。

以下是行為認知治療的優點：

- 這是調整行為和思維方式最行之有效的治療。
- 心理治療師會提供積極有效的支援。
- 它得到了大量科學研究的認可。

行為認知治療的缺點則有：

- 需要病人付出努力。
- 需要面對我們的畏懼或對我們來說有難度的事物（不一定令人愉快）。
- 不注重理解「為什麼我是這個樣子」。

該選擇哪種心理治療？

我們常說，心理治療師的能力與治療類型同等重要，但這並不適用於所有心理問題。今天我們知道，恐懼症患者適合找行為心理治療師，比去看精神分析師有用得多，當然，前提是行為心理治療師有足夠的能力。因此，除了極為特別的情況，精神分析師通常會把恐懼症患者轉給行為心理治療師。

反過來，如果你想弄明白為什麼你與父親的關係如此令人沮喪，為什麼至今還令你痛苦，行為心理治療師可能會建議你去看精神分析師。

然而，越來越多的心理治療師開始使用所謂的「綜合」治療，即運用出自不同心理治療流派的治療方法，在治療中輪流使用數種方法進行治療：首先，患者要進行自我肯定，然後思考他與父親的關係，弄明白自己的自我肯定問題。

我們在本書提出的建議，均基於我們作為心理治療師的經驗。希望這些建議能使你思考如何改善自己的自尊。

這些建議並不全面，肯定還有其他辦法。總之，記住這些心理問題並不能代表你的全部，並且你還需要培養和發展你的長處。**治療或個人的改變，不僅包括解決問題，還包括鞏固強項。**

改善自尊的道路因人而異。某些幸運的人，走的可能是高速公路，另一些人走的是羊腸小徑。但重要的是殊途同歸，到達正確的目的地。

Issue

自尊的滋養、守護、修補、治療之循環，就是幸福人生的路徑。

測驗

測驗B——如何改變自尊？

下表將告訴你，在自尊方面你應該做出哪些努力。認真閱讀每句話，不要花太多的時間思考，勾選最符合你目前想法的一欄。評估結果請參閱附錄二。

評估你的自尊水準

關於自尊的問題	比較符合	不太符合
①我不太喜歡自己	□	□
②我很難做決定	□	□
③我沒有得到我所期望的欣賞和認可	□	□
④我不太清楚自己的價值	□	□
⑤遇到困難，我很難堅持	□	□
⑥我的感情生活很失敗	□	□

⑦即使一切順利，我仍然憂慮重重 □ □
⑧我會逃避那些令我侷促不安的場合 □ □
⑨我太在意別人看我的眼光 □ □
⑩當遇到困難時，我經常會生自己的氣，有時還會厭惡自己 □ □
⑪別人經常指責我逃避行動和「太過火」 □ □
⑫我覺得自己經常嫉妒，經常覺得自己對有些人心懷怨恨 □ □
⑬在生活中總是選擇錯誤 □ □
⑭我無法忍受失敗或做事遭到批評 □ □
⑮我總是屈服於別人的意見 □ □
⑯我對自己不滿意 □ □
⑰我經常故意令自己失敗 □ □
⑱我經常批評或攻擊別人 □ □
⑲我很難找到自己的優點 □ □
⑳我經常拖延應該儘快完成的重要事情 □ □
㉑有時我覺得自己無意識地挑起事端，引發分手和衝突 □ □

最終章

結論

Conclusion

給醫生的一封信

親愛的醫生：

您曾說希望我寫信給您，告訴您我的近況。我的近況如下，稍遲見諒，因為最近幾個月，我的生活比當初去您那兒做諮詢的時候積極多了。

從去年搬家以來，一切始終很順利，我覺得自己又有了進步。工作給我帶來滿足，我不太費力地適應了新的工作內容，並沒有出現您和我經常談起的「冒名頂替症候群」。我發現自己不再一個人悶頭胡思亂想，我學會了向別人傾訴自己的懷疑和思慮，不再覺得這樣是暴露自身的某種不足。跟以前相比，我更能表達自己的意見，也可以接受別人的反對意見，不再感覺對方是在羞辱或責備我。還有，我非常清楚地感覺到自己的自尊水準明顯提高了，我能輕鬆地承認「我想得不對」或者「我犯了個錯誤」。我再也不會因為一個小矛盾而失態！

不僅僅在自我防衛這方面有變化，我還能更恰當地「推銷自己的想法」——無論是在工作會議中還是和客戶面談時，我比以前更能堅持自己的觀點，也不羞於直截了當地表達出來，而且更不會帶來不愉快。相反地，我覺得現在這個坦白直率的我，反而比以前那個唯唯諾諾、謹小慎微的我更受人歡迎。

不過，對我來說最重要的是我感覺精神舒暢了許多，更堅強、更穩定，不再像以往那樣長時間意志消沉或自我貶低。快樂的時刻裡，我也不再像以前我們多次談到的「充滿焦慮的幸福感」那樣，不知道應該歸功於什麼。也許主要是我的生活態度比原來積極多了，現在，透過對比，我意識到從前的自己，在行動方面多麼逃避和壓抑。

自從到您的診所做諮詢，我聽從了您的建議：跟同事親近、主動結識他們，而不是被動等待他們接納我。我邀請他們來家裡玩，而非埋頭整理搬家的紙箱和裝飾新房子，有的新同事正慢慢成為我的好朋友！我馬不停蹄地加入了一個合唱團，沒有用「適應期」或疲勞（確是事實）當作拖延的藉口，我現在投入行動，不給自己猶疑的機會。

和您的談話再次幫助了我，我發現自己在派對和朋友聚會中，能夠更輕鬆地表達自己的見解。跟別人討論的時候，我會講述自己的經歷，並向別人提問，不懂的時候就承認自己不懂，表現出願聞其詳的興趣，甚至推翻自己的說法。總之，我感覺自己完全正常。終於正常了！

不過，情況並非天天如此，有的時候我會又開始懷疑自己。這感覺很痛苦，讓人迅速灰心喪氣。不一會兒，過去的心魔便再度出現，使我重新陷入以往那種苦痛當中。在這種時刻，我會清楚地看到自己的進步仍然不夠穩固，好狀態不易保持，一點點風吹草動，就能把我打回原形。

區別在於，我現在一方面有了更多可以抓住的東西，沒有以前那麼孤獨，也不怕吐露自己的煩惱或向人求助，這讓我想起您跟我一起做的那些練習和角色扮演遊戲，我會壯起膽子給親友打電話傾訴心事。另一方面，我能很快地打住消極的心態，像您多次告誡的那樣停止「內心的自我批評」。

搬到這裡來之後，我有過沮喪灰心的時刻、灰暗苦悶的日子，但我從來沒有像以前那樣讓自己「沉溺」於失敗、躊躇和放棄之中。此外，我能明確地發現自己苦悶的緣由，不像以前我只覺得自己是某種天生的生理或心理問題的受害者，才使得那些黑暗的時刻沒來由地降臨到我的頭上。

今天，我能理解和分析為什麼會發生這種情況。我更清楚地意識到失望和失敗的影響，而過去那些我不願承認的自己的挫敗，我總是極力弱化它們。然而，這些進步也有不好的一面：我變得更加依賴別人的認可和尊重信號，以往我對這些置若罔聞。現在我更強烈地期望不時贏得成功或被人看重，而且會主動爭取這些「自尊的養分」。

最大的變化是，慌亂不安的感覺不會持續太久，短則幾天，長則數週，只要出現一件開心的事，我就感覺好多了，哀愁變成了「可以治癒」的微恙，不再是「經久不癒」的頑疾。

不過，我仍然比別人更容易哀傷，可能是往日的痛苦留下的傷痕，心理上的傷疤依然疼痛。您說，我有沒有可能哪一天徹底地擺脫這一切？您一定會告訴我有可能。我希望您是對的。

總而言之，因為這些問題，我偶爾還是會脆弱，甚至有時懷疑自己的進步，感覺停滯不前。在這種情況下，我會溫習治療時的手冊和筆記，認識到自己一路走來多麼不易，容許自己驕傲一回。

您一定還想知道我的感情問題。我跟新男友交往半年了，目前一切順利。在這個方面也有新進展：我不害怕見面，不害怕自己不漂亮（雖然客觀說，我還是認為自己不好看），不害怕他對我的言談失望。每次的約會，也不像過去那樣被我視為巨大的考驗。我甚至有時候可以非常自然地面對他，以前跟男性交往時從來沒有這種感覺。取得這些進步的同時，又增添了新的擔憂——我有時會害怕他不再與我交往。我變了，過去通常是我主動找碴分手。

以上就是我的近況，希望您聽了會很高興。我知道，您的自尊也跟您治療的病人是否進步有很大的關係！我覺得自己已經步入了正軌，而且一天天越來越好。儘管進展不如我想的那麼快，但總算是有了透過日常點滴慢慢樹立信心的感覺，而過去總覺得在毀滅自己。

感謝您幫助我破繭重生。

祝您一切安好。

附錄一

【自尊水準】測驗A自測結果

這個測驗測試的是什麼？

這個測驗是心理學和精神病學研究中，最常用的自尊水準評估工具——羅森伯格自尊量表（Rosenberg self-esteem scale）。

下面你會得到的計分，僅為純理論值。因為，在理想情況下，該得分需要與另外數十人（比如同一所學校的所有教師或所有學生）的得分對比。彙集所有測試者的得分之後，分出兩大類：高自尊類（得分最高的前二十五％）和低自尊類（得分最低的二十五％）。

以下是測驗計分與解讀步驟：

步驟一、按照以下說明計分

◆問題1、3、4、7、10：

- 如果你的回答是「完全同意」，計4分。
- 如果你的回答是「同意」，計3分。
- 如果你的回答是「不同意」，計2分。
- 如果你的回答是「完全不同意」，計1分。

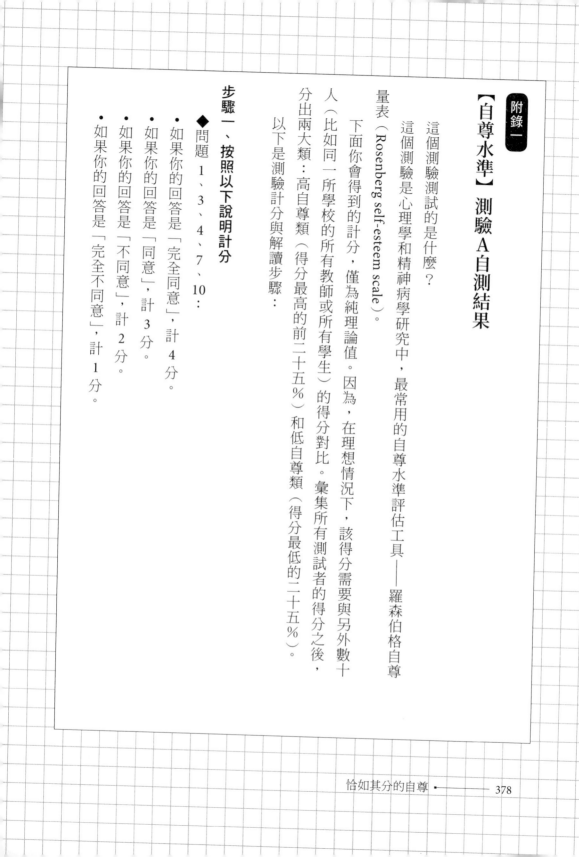

◆問題2、5、6、8、9：

• 如果你的回答是「完全同意」，計1分。

• 如果你的回答是「同意」，計2分。

• 如果你的回答是「不同意」，計3分。

• 如果你的回答是「完全不同意」，計4分。

步驟二、將得分加起來

如何解讀你的得分呢？

總得分應在10（最低自尊水準）到40（最高自尊水準）之間。

◆如果你的總得分在10至16之間

表示自尊水準偏低，這與你的個人感覺是否相符呢？

◆總得分在17至33之間

你屬於中等自尊水準人群。這個測驗測試結果並不能將你歸類，但你可以自己試一試：你覺得自己屬於哪一個人群？高自尊還是低自尊？

◆如果你的總得分在34至40之間

你應該屬於高自尊人群，這個測試結果可能會進一步提升你的自尊水準。

附錄二

【如何改變】測驗B行動建議

這個測驗測試的是什麼呢？

這個測驗評估你是否需要改變，以及應該在哪些方面進行改變。

步驟一、計算你的測試結果

透過此測驗，你可以得到四個分數：「對改變的整體需求」之分數和三個「需要改變的方面」之分數。

◆對改變的整體需求：每回答一次「比較符合」得1分，相加算出總分。

◆需要改變的方面：

- 需要改變你與自身的關係：將問題1、4、7、10、13、16、19的得分加起來。
- 需要改變你與行動的關係：將問題2、5、8、11、14、17、20的得分加起來。
- 需要改變你與他人的關係：將問題3、6、9、12、15、18、21的得分加起來。

步驟二、解讀你的得分

◆你對改變的整體需求得分最低為0，最高為21。

• 得分在0到7之間，你對改變的整體需求很小。你可以滿足於坐享自尊資本的成果。
• 得分在8到15之間，你對改變的整體需求中等。你肯定需要在自尊方面做出一些個人努力。
• 得分在16到21之間，看起來努力改變會對你有益。跟身邊可信的人談談，聽聽他們的建議。

★進一步分析比對結果

你在每個「需要改變的方面」得分最低為0，最高為7。得分越高，越說明相關方面亟待改變。我們仍然強烈建議你將此測驗得分與自己的想法以及身邊親友的看法放在一起進行對比分析。

國家圖書館出版品預行編目（CIP）資料

恰如其分的自尊 / 克里斯托夫・安德烈 (Christophe André), 弗朗索瓦 . 勒洛爾 (François Lelord) 著 ; 周行譯 . -- 二版 . -- 新北市 : 方舟文化 , 遠足文化事業股份有限公司 , 2021.09
面； 公分 . -- (心靈方舟 ; 4012) 暢銷經典版

譯自 : L'estime de soi

ISBN 978-986-06779-6-6(平裝)
1. 自尊
173.75

110013086

心靈方舟 4012
恰如其分的自尊（暢銷經典版）
L'estime de soi

作　　者　克里斯托夫・安德烈（Christophe André）、
　　　　　弗朗索瓦・勒洛爾（François Lelord）
譯　　者　周行
封面設計　朱疋
內文排版　薛美惠
特約主編　唐芩
責任編輯　林淑雯（初版）、林雋昀（二版）
總 編 輯　林淑雯

出版者　方舟文化／遠足文化事業股份有限公司（讀書共和國出版集團）
發行　遠足文化事業股份有限公司
231 新北市新店區民權路 108-2 號 9 樓
電話：（02）2218-1417
傳真：（02）8667-1851
劃撥帳號：19504465　戶名：遠足文化事業股份有限公司
客服專線：0800-221-029　E-MAIL：service@bookrep.com.tw
網站　www.bookrep.com.tw
印製　沈氏藝術印刷股份有限公司　電話：（02）2270-8198
法律顧問　華洋法律事務所　蘇文生律師
定價　450 元
初版一刷　2017 年 11 月
二版四刷　2024 年 1 月
ISBN 978-986-06779-6-6 書號 0AHT4012

方舟文化官方網站　方舟文化讀者回函